엄마 먼저

일러두기

이 책에서 인용한 성경은 대한성서공회의 성경전서 새번역을 따랐으며, 다른 판본은 표기하였습니다.
빈칸으로 표시된 성경 구절은 새번역과 표기된 판본을 참조하여 채우실 수 있습니다.

엄마의 삶을 더 풍성하게

엄마 먼저

신
소
영

이아소

《엄마 먼저》 추천   앞서 읽은 엄마들이

'엄마'라는 이름은 참 아름답습니다. 그러나 엄마가 되면서 맞이하는 급격한 변화는 모든 여성에게 '충격'을 줍니다. 무엇을 상상해도 그 이상이기 때문입니다. 엄마들이 가장 많이 하는 말은 "아는데 모르겠다"와 "내가 없어지는 것 같다"입니다. 말 그대로 '모름'과 '소멸'을 겪으며 엄마들은 심리적으로 불안 덩어리가 됩니다. 저는 20여 년 이상 교육기관(어린이집 운영과 초등 교육기관)에서, 현재는 더하다 남북민 사회통합 단체(탈북민 가정)에서 이 같은 엄마들의 마음을 돌보며 함께해 오고 있습니다.

 코로나19를 지나 더욱 혼란스러워진 때에 《엄마 먼저》가 책으로 나와서 매우 기쁩니다. 저 또한 수혜자로서, 저자와 함께 5-6년간 온 힘을 다해 《엄마 먼저》를 현장에 접목해 왔습니다. 엄마들의 절절한 마음을 안고 눈물을 닦아 주며 함께했을 때 자신의 정체성을 새롭게 회복하여 '더 풍성한 엄마의 삶'을 누리는 변화를 많이 보아 왔습니다. "마땅히 걸어야 할 그 길을 아이에게 가르쳐라. 그러면 늙어서도 그 길을 떠나지 않는다"(잠언 22:6)라는 말씀처럼, 이 책은 엄마들이 마땅히 걸어야 할 길을 제시해 주는 기준이 되리라 기대합니다. 또한 엄마들의 갈망과 궁금증을 현시대에 맞는 언어로 안내해 주며, 함께 걷는 동지를 만나게 해 줄 것입니다. '모름'의 불안감은 '평안(안정감)'으로, '자기 소멸'은 '새로운 꿈(비전)'으로 바꾸어 줄 것입니다.

 저자에게는 내면 깊은 곳에서 흘러나오는 맑은 샘물(영성)이 있습니다. 그 깊은 샘물로 육아하는 엄마들에게 안정감을 주며, 새로운 정체성을 갖고 꿈을 꾸도록 해 주었습니다. 이 책을 읽는 독자들도 엄마로서 또, 한 개인으로서, "평안 가운데 새로운 정체성을 갖고 꿈꾸는 사람"으로 더욱 새로워지기를 기대하며 적극 추천합니다.

김순여 | 아이를 통해 가정을 지원하고, 육아의 어려움을 겪는 엄마들의 마음과 정체성을 새롭게 세워 자신의 부르심대로 살아가도록 도우며 기쁨을 누리는 한 아이 엄마

임신하고 출산을 하고 나서야 아이를 어떻게 기를지 준비도 공부도 안 돼 있음을 깨달았습니다. 힘들게 가진 아이를 잘 키우고 싶다는 욕심만 앞섰지, 정작 마음속은 두렵고 불안이 가득한 상태였는데, 그때 《엄마 먼저》를 만났습니다.

《엄마 먼저》 과정을 통해 가장 중요하게 배운 것은, 내가 엄마이자 아내이기 이전에 하나님께서 온전하게 하신, 하나님의 사랑을 받는 딸이라는 사실입니다. 아이를 키우며 과거 상처들과 마주하고, 수없이 다짐하면서도 실패하고, 내 한계 안에서 계속 버둥거렸지만, 그럼에도 불구하고 하나님은 여전히 나를 사랑하고 계셨습니다. 특히 마음에 떠오르는 대로 글을 쓰며 자기 정체성을 다시 확립하고, 그 정체성을 반복해서 나 자신에게 주장하는 과정을 통해 지금까지 나를 인도하신 하나님께 감사하고 나 자신을 긍정하며, 내 정체성을 바로잡게 되었습니다.

두 번째로 배운 것은 아이를 돌보며 남편을 돕고 가정을 꾸려 가는, 별것 없어 보이는 내 일상이 하나님 나라에서는 중요한 일이라는 사실입니다. 어쩌면 나부터도 하찮게 여기기 쉬운 일이지만 하나님 보시기에는 중요한 일이었습니다. 하지만 또한 적절한 때와 상황이 되면 내게 주신 은사와 개발된 은사를 가지고 세상에 나가 내 할 일을 찾아야 한다는 사실도 배웠습니다.

마지막 세 번째로 좋았던 점은 함께 걸어가는 동지를 만난 것입니다. 처한 환경과 상황은 모두 달라도 각자의 삶을 솔직하게 나누고 격려하고 위로하며, 함께 울고 웃으며 서로 성장해 갔습니다. 그 과정을 통해 우리 속에서 일하시는 하나님을 경험할 수 있었습니다.

김희옥 | 낮에는 환자들을 돌보는 의사로 밤에는 두 아들과 씨름하며 하루하루를 살아가는 워킹맘

셋째를 낳은 뒤, 저는 처한 상황에 맞게 목사인 남편을 지원하며 아이들을 잘 키우는 것을 제 일생의 부르심으로 생각하기 시작했습니다. 결혼 전의 부르심은 어리고 미숙한 열정으로 가졌던 혼자만의 착각으로 여겼습니다. 전쟁 같은 현실은 하나님의 거창한(?) '부르심'과는 전혀 어울리지 않았습니다. 24시간 세 아이 육아에 지쳐 제 몸 하나도 추스르기 힘들었습니다. 시간을 따로 내어 성경을 읽지도 묵상하지도 못하는 저 자신의 형편없는 수준을 자책하는 제게 '부르심'은 언감생심(焉敢生心)일 뿐이었습니다.

그러나 《엄마 먼저》를 읽기 시작하면서, 정죄는커녕 누구보다 제 사정을 잘 이해하시며 제 마음을 헤아려 주시는 하나님을 만났습니다. 회차를 거듭할수록 그분의 사랑과 은혜에 젖어 들었습니다. 《엄마 먼저》를 통해 얻은 가장 큰 유익과 깨달음은, 어린 아이들을 키우며 엄마로 살아가는 시간과 정체성이 제 평생의 부르심을 향해 가는 과정의 일부이며, 엄마가 아닌 '이유미'라는 고유한 사람에게 궁극적 소명이 있음을 발견한 것입니다. 그 여정은 《엄마 먼저》를 마치고 7년이 지난 지금도 이어지고 있습니다. 저는 《엄마 먼저》의 도움을 받아 엄마의 삶 너머의 소명을 발견하고, 다음 과정을 준비하고 있습니다.

저와 많은 엄마들에게 하나님과 자기 자신과 자녀 양육에 대한 오해와 선입견을 벗겨 주고 성경적 관점을 제시해 준, 더 나아가 삶의 전환점을 선물해 준 《엄마 먼저》가 드디어 출간되어 매우 기쁩니다. 육아로 인해 자신을 향한 하나님의 풍성한 계획을 발견하지 못하는 그리스도인 엄마들에게 이 책을 꼭 쥐어 주고 싶습니다.

이유미 | 하나님의 은혜에 기대어 세 자녀를 육아(育兒)하는 엄마이자, 동시에 하나님의 부르심에 응답하여 자신을 끊임없이 성장하고자 육아(育我)하는 그리스도인

백소영 교수의 《엄마 되기, 아프거나 미치거나》라는 책 제목만 봐도 울컥했던 당시, 삼 남매와 씨름하며 저녁을 준비하는 해 질 무렵이면 이성을 넘어선 또 다른 자아가 깨어났습니다. 이름을 붙이자면, '광년…내가 아닌 그녀….' 이러지도 저러지도 못하고 괴로운 때가 있었습니다.

 그런 엄마의 무게를 나눠지고 격려하고자 2016년에 엄마들을 위한 교육과정에 조장으로 참여했습니다. 참여자 소감은 대체로 좋았으나 조장들은 아쉬웠습니다. 한참 머리를 맞대고 고민하다가 《풍성한 삶의 기초》를 토대로 "엄마들을 위한 풍성한 삶의 기초"를 만들어 보자는 제안이 나왔습니다. 매주 밤잠을 반납하며 애를 쓴 저자의 몸부림 끝에 새로운 교재가 탄생했고, 풍성한 나눔의 자양분이 되었습니다. 그 인고의 과정을 잘 알기에 그 교재가 《엄마 먼저》라는 이름으로 출간된다니 감회가 깊습니다. 《엄마 먼저》의 과정은 소모임 나눔을 통해 꽃핍니다. '함께' 울고 웃으며 한 계절을 지나가면서 서로가 서로에게 위로자가, 때로는 격려자와 지원군이 됩니다. 그 시간을 통해 치유와 회복의 여정을 함께 걸어갑니다.

 양육 관련 도서가 대개는 '기승전엄마책임'을 말하니까, '나는 좋은 엄마인가? 엄마 자격이 있나?'라는 죄책감이 고개를 듭니다. 이 책은 아이를 기르는 법보다 "좋은 엄마란, 어떤 사람이 되어야 하는가?"를 먼저 질문합니다. 만약 이 질문에 대한 답이 궁금하다면 《엄마 먼저》를 펼치셔도 좋습니다. 엄마 자신의 삶을 고민하는 분, 좋은 엄마가 되기를 소망하는 분, 육아하는 시간이 외롭고 어려운 분, 무엇보다 하나님과 자기 자신과 자녀와 세상과의 관계에서 균형 있게 성장하기를 원하는 분에게 추천합니다. 《엄마 먼저》는 혼자가 아니라 '함께' 답을 찾아가는 시간이 될 것입니다.

최수영 | 중·고·대학생 삼 남매를 키우는 엄마

《엄마 먼저》안내   처음 읽는 엄마들에게

엄마는 안다?

인간의 역사를 예수님께서 태어나신 때를 기준으로 BC(Before Christ)와 AD(Anno Domini)로 나누듯이, 한 여성의 삶은 아이를 낳기 전(BC, Before Childbirth)과 후(AD, After Delivery)로 나눌 수 있습니다. 그만큼 출산은 한 여성의 삶에 큰 변화를 가져오는 일생일대의 사건입니다.

그럼에도 불구하고 불행하게도 대다수 여성은 어떻게 엄마가 되는지 배우지 못한 채 첫 아이를 낳습니다. 아이를 낳기 전에는 아이 기르기가 얼마나 힘든 과업인지 상상조차 못하지요. "아이를 낳기만 하면 엄마가 되는 줄 알았다"라고 고백하는 엄마도 있었습니다. 그래서 초보 엄마들은 우는 갓난아이를 조리원에서 집으로 데리고 온 후에야 비로소 아이 기르는 법을 배워 가기 시작합니다.

초보 엄마를 당황하게 만드는 사실 중 하나는 엄마가 되기 위해 참 많은 것을 알아야 한다는 것입니다. 그래서 요즘 주목받는 신간을 사서 읽고, 맘카페에서 아이에게 무엇을 먹여야 하는지 또는 먹이면 안 되는지 정보를 모으고, 또 훈육이나 영어 교육에 관한 세미나를 찾기도 합니다.《엄마 먼저》또한 어떻게 하면 좋은 엄마가 되는지 배운 적 없는 엄마들에게 그 방법을 알려 주기 위해 쓰였습니다.

엄마 먼저, 엄마들과 함께

나들목교회 공동체에서 쓰이다가 지금은 "하나복네트워크"에 속한 여러 교회에서 제자훈련 프로그램으로 사용하고 있는《풍성한 삶의 기초》를 초보 엄마들이 자기 삶에 더 수월하게 적용할 수 있도록 돕기 위해 만든 책이《엄마 먼저》입니다.

《엄마 먼저》는 젊은 엄마들을 위한 책입니다. 그러나 이들을 위한 다른 세미나나 교재와는 차이가 있습니다.《엄마 먼저》는 어떻게 하면 자녀를 잘

기를 수 있는지를 알려 주는 자료가 아닙니다. 《엄마 먼저》의 초점은 자녀가 아니라 엄마에게 있습니다. "자녀를 위해 무엇을 해야 하는가"가 아니라, "엄마 자신이 어떤 사람이 되어야 하는가"라는 물음에 답을 찾고자 합니다. 그래서 엄마들이 자녀 양육이라는 어려운 과업을 수행하면서 자기 존재와 삶을 통합적으로 해석하는 틀을 갖도록 도우려 합니다.

《엄마 먼저》에서는 다음 같은 사람을 '좋은 엄마'라고 정의합니다. 그리고 어떻게 그런 사람으로 살 수 있는지, 주제에 맞춰 질문하며 답을 찾도록 합니다. 《엄마 먼저》에서 말하는 좋은 엄마란,

> '하나님과 인격적 관계를 맺고 누리며, 자기 자신을 사랑하고, (남편을 사랑하고 섬기며,) 자녀를 사랑으로 양육하고, 하나님의 세상을 경영하는 사람'이며, 이 모든 영역에서 '균형 있게 성장해 가는 사람'입니다.

다시 말해, 《풍성한 삶의 기초》에서 말하는 네 가지 관계, 하나님과의 관계, 자신과의 관계, 공동체와의 관계, 세상과의 관계 속에서 성장하는 엄마, 더 구체적으로는 아이를 양육하면서 그렇게 살아내는 사람입니다.

엄마들은 10주간 《엄마 먼저》를 함께 읽으며, 네 가지 관계에 비추어 자기 삶을 돌아보게 됩니다. 그리고 성경 말씀 안에서 각 영역을 다시 해석해 보고, 어떻게 각 영역에서 성장할 수 있는지 탐구합니다. 쉽게 예상할 수 있듯이 혼자 해내기 어려운 일입니다. 하지만 비슷한 질문을 품고 배움의 시간을 통과하고 있는 동료 엄마들과 함께하면 훨씬 더 잘 할 수 있습니다. 서로의 삶을 나누면서 도전도 받고, 무엇보다 치유와 회복이 일어나는 경험을 합니다. 《엄마 먼저》를 마치면서는 각자 자기 삶에 대한 새로운 비전이 생겨납니다. 성령 하나님께서 모임에 매주 함께하셔서 엄마들이

진실하게 이야기 나눌 수 있도록 마음을 열어 주시고, 또한 한 엄마 엄마가 자기 삶을 하나님 말씀에 비추어 돌아볼 수 있도록 이끌어 주시기를 간절히 바랍니다.

오늘도 '엄마 먼저'를 되새기며
신소영

꼭 지키면 좋아요

1. 매주 정해진 과제를 합니다

한 주에 네 번씩 시간을 내서 책을 읽고, 성경 말씀을 찾아 쓰고, 질문에 답을 적어 보세요. 한 번에 몰아서 하는 것이 안 하는 것보다는 낫지만, 깊은 성찰과 통찰을 주지는 못합니다. 과제를 하면서 애쓰는 시간이 육아라는 과중한 부담에도 불구하고 여러분을 '엄마 먼저!'로 발돋움하게 할 것입니다.

2. 매주 정해진 시간에 모여서 한 주간 준비한 과제를 중심으로 이야기를 나눕니다

《엄마 먼저》는 혼자 읽는 것보다 엄마들이 모여서 자기 생각과 경험을 나누며 함께하는 것이 좋습니다. 모임을 통해 서로 위로하고 격려받으며, 각자의 삶을 향한 하나님의 뜻을 구체적으로 배울 수 있습니다.

3. 무엇보다 서로를 위해 기도하는 시간을 갖습니다

기도 제목을 구체적으로 나눈 다음 그대로 기도해도 좋고, 이야기를 나누면서 성령님께서 알려 주시는 대로 서로를 위해 기도해도 좋습니다. 함께 기도하면서 공동체가 형성되는 과정을 경험할 수 있습니다.

10주간 함께하는 엄마들은 첫 모임에 앞서 다음과 같은 약속을 하고, 기도 제목을 서로 나누면 좋습니다.

함께 약속하기

1. 매주 모임에 성실하게 참여하겠습니다.

2. 매주 과제를 충실히 하겠습니다.

3. 다른 사람의 이야기를 하지 않고,
나 자신의 이야기를 하겠습니다.

4. 모임 중에 나온 이야기를 모임 밖으로,
다른 사람에게 옮기지 않겠습니다.

5. 함께하는 엄마들을 위해 기도하겠습니다.

날짜 _____

서명 _____

기도 제목 나누기

차례

추천 —— 앞서 읽은 엄마들이
안내 —— 처음 읽는 엄마들에게
여는 글
감사의 글

1부. 자녀로 살기

1주. 하나님 알아 가기와 하나님 사랑하기

- 1일. 좋은 엄마 되기의 기초 29
- 2일. 하나님 알아 가기의 보고(寶庫) 39
- 3일. 하나님을 경외하고 경탄하기 47
- 4일. 하나님과 대화하기 53

2주. 하나님 신뢰하기와 하나님께 순종하기

- 1일. 좋은 엄마 되기 비법 59
- 2일. 하나님을 신뢰하는 기도 배우기 67
- 3일. 하나님을 향한 사랑의 표현 75
- 4일. 부모들에게 주시는 특별한 명령 81

2부. 지으신 대로 살기

3주. 나는 누구인가
- 1일. 엄마의 자기 정체성 찾기 91
- 2일. 그리스도 안에서 새로운 존재 1 97
- 3일. 그리스도 안에서 새로운 존재 2 105
- 4일. 깊어가는 새로운 정체성 111

4주. 자기 사랑
- 1일. 나의 고유한 정체성 119
- 2일. 고통과 비극 재해석하기 125
- 3일. 여성성과 엄마 되기 131
- 4일. 온전해지는 자기 사랑 137

3부. 부부로 살기

5주. 결혼은 언약적 결합
- 1일. 결혼 여정 2기에 들어온 당신 147
- 2일. 성경적 결혼의 원리 1 153
- 3일. 성경적 결혼의 원리 2 159
- 4일. 결혼 생활의 중요 요소: 사랑과 복종 165

6주. 사랑하고 섬기는 부부
- 1일. 부부의 영적 연합 173
- 2일. 대화를 통한 연합 179
- 3일. 갈등을 넘어선 연합 187
- 4일. 성을 통한 부부의 연합 195

4부. 부모로 살기

7주. 자녀 양육의 기초
- 1일. 성경적 자녀관 1　205
- 2일. 성경적 자녀관 2　211
- 3일. 성경이 가르치는 양육　217
- 4일. 함께하는 자녀 양육　225

8주. 부모의 사명과 역할
- 1일. 자녀 사랑하기의 실제　233
- 2일. 하나님 나라 신앙 전수　241
- 3일. 신앙 전수의 실제　247
- 4일. 훈육의 목적과 방법　255

5부. 부르신 대로 살기

9주. 부르심과 일
- 1일. 부르심에 대한 오해　265
- 2일. 보편적 부르심과 영적 성장　271
- 3일. 일하시며 일을 맡기시는 하나님　277
- 4일. 일이 우리에게 주는 유익　283

10주. 그리스도와 함께하는 세상 경영
- 1일. 부르심을 따라 사는 엄마　289
- 2일. 세상 속에서 부르심 찾기 1　297
- 3일. 세상 속에서 부르심 찾기 2　303
- 4일. 부르심을 찾아가는 엄마　309

닫는 글

여는 글　　　　　　　　　　　　　　**아이와 함께 자라는 엄마들에게**

하나님께서는 저희 부부에게 아들 둘과 딸 하나, 세 아이를 선물로
주셨습니다. 막내아들이 군에 입대했으니, 저의 엄마 경력도 사반세기가
되었습니다. 무슨 일이든 10년 정도 하면 전문가가 된다는데, '엄마 되기'는
10년이 두 번 지나고 또 그 절반이 지났어도 아직 전문가라는 생각이 들지
않습니다. 여전히 쉽지 않고 예상치 못한 새로운 과업이 고개를 내밉니다.
아이들이 20대를 지나 30대로 성장하면서, 그 여정에 따라 엄마로서 계속
새로운 숙제를 떠안을 것 같습니다.

    생의 마지막 순간까지 끝나지 않을 '엄마 되기'에서 배운 게 있습니다.
아이를 낳고 엄마가 되는 일은 매우 어렵지만 너무나 특별하다는 것입니다.
사람을 사랑하고 사람을 기르는 일이 가장 특별하고 가장 어려워서
그렇겠지요. 예수님께서는 모든 계명을 아우르는 계명이 하나님을 사랑하고
이웃을 사랑하는 것이라고 하셨습니다. 그런데 아이를 낳아 기르는 것은 내
이웃, 즉 내가 아닌 타인을 사랑하면서 그 사랑을 배우는 '직선 길'입니다.
돌아가는 길이 없어서 때로는 무척 버겁지만, 그러면서 사랑을 배우고
사랑할 줄 아는 사람으로 자라 갑니다.

    또 그 길을 통해 하나님께서 저를 얼마나 사랑하시는지, 저를 기르시는
하나님의 마음도 희미하게나마 알아 갑니다. 남편을 점점 더 사랑하게
되는 것과는 또 다른 차원에서, 아이들을 향한 엄마의 사랑을 배우면서
하나님의 또 다른 모습을 닮아 갑니다. 그래서 '엄마 되기' 사반세기는 제가
한 인간으로, 여성으로, 그리스도인으로 성장하는 시간이었습니다. 아이들이
없었다면 몸과 마음은 좀 더 편할 수 있었겠지만, 지금의 저는 없었겠지요.
그러므로 '엄마 되기'는 아이를 기르면서 동시에 엄마 자신을 기르는
시간이었습니다. 앞으로 다가올 또 다른 사반세기도 다르지 않겠지요. 저는
계속해서 아이들을 통해 저를 사랑하시는 하나님을 배우고, 아이들이 제
것이 아니라 하나님 것이라는 사실을 배우고, 하나님께서 아이들 안에 함께

계신다는 사실을 배울 것입니다.

《엄마 먼저》는 이 마음으로 '엄마 되기'의 첫 번째 10년을 시작하는 후배 엄마들을 위해 만든 책입니다. 저는 내비게이션도 없이 차를 몰고 나간 운전자처럼 어디로 어떻게 가야 하는지 제대로 알지 못한 채 엄마가 되었고, 너무 자주 좌충우돌하면서 양육 초기를 보냈습니다. 그래서인지 저와 비슷한 모습으로 삐뚤빼뚤 어렵게 그 시기를 통과하는 엄마들을 향한 하나님 마음이 어떨지 자주 생각합니다. 우선 이 책을 통해 그 엄마들을 응원하고 싶습니다. 그리고 저와 달리 좋은 엄마가 되는 길이 무엇인지를 양육 초기부터 배우고 적용해서, 엄청나게 어려우면서도 즐거운 이 길을 어디로 어떻게 가야 하는지를 처음부터 알고 가기를 간절히 바랍니다. 또 이 여정은 연차가 더 오래된 엄마들에게도 하나님과 하나님의 사랑을 더욱 배우고 누리는 소중한 직선 길이 되리라 확신합니다.

감사의 글

《엄마 먼저》가 나오기까지 정말 많은 사람이 수고하셨습니다. 옆에서 지원해 준 아빠들도 있었지만, 특히 많은 엄마들이 이 과정에 함께해 주었습니다. 첫 만남부터 쫑파티까지 조원들을 살피고, 매주 모임을 이끌어 주었던 조장님들께 특히 기쁨과 감사를 전하고 싶습니다. 호칭을 생략하고 조장님들 이름을 적으면서 고마운 마음을 전합니다. 김순여, 최수영, 이지훈, 이유미, 윤혜경, 최지영, 백원정. 여러분의 수고 덕분에 많은 후배 엄마들이 좋은 엄마 되는 법을 잘 배울 수 있었습니다. 특히 만날 때마다 《엄마 먼저》가 좋은 교재라고 말해 주면서, 초기부터 이 과정을 함께 만든 "더하다 가족지원센터"의 김순여 센터장에게 사랑하고 감사하다고 말하고 싶습니다.

1부. 자녀로 살기

1주. 하나님 알아 가기와
하나님 사랑하기

2주. 하나님 신뢰하기와
하나님께 순종하기

1주.	하나님 알아 가기와 하나님 사랑하기

1일.	좋은 엄마 되기의 기초
2일.	하나님 알아 가기의 보고(寶庫)
3일.	하나님을 경외하고 경탄하기
4일.	하나님과 대화하기

날짜

1부 **잠시 생각해 보기**

1주 최근 들어 자주 느끼는 감정이 무엇인지 찾아보세요.

1일 (감사, 기쁨, 열정, 사랑, 뿌듯함, 만족, 불안, 걱정, 자책감,
분노, 우울함, 질투, 서운함…)

엄마가 된다는 것은

첫아이를 낳았을 때를 기억하지요? 삶의 많은 순간이 쉽게 잊혀도 첫아이를 낳은 순간만큼은 생생한 기억으로 남아 있기 마련이니까요. 아이를 낳고 엄마가 되는 것은 그만큼 일생일대의 사건이며, 감사와 축복으로 가득 찬 경이로운 일입니다. 그런데 그 황홀한 첫 대면의 순간이 지나고 얼마 되지 않아 엄마는 매일 매 순간 질문으로 가득 찬 도전과 맞닥뜨립니다.

엄마가 된다는 것은 어떤 의미일까요? 그것은 하나님의 창조 사역과 돌봄 사역에 동참하는 일입니다. 하나님 나라가 생육하고 번성하여 땅에 충만해 가는 과정에 함께하는 것이자, 이웃 사랑의 최고봉이며, 가장 이타적인 사역이고, 생명까지 내어 주신 예수 그리스도의 성육신 사랑을 가장 많이 닮은 사역이기도 합니다. 다른 어떤 사역보다 의미 있는 것이지요.

그러나 다른 한편으로는 불신과 이기심 같은 잘 숨겨 왔던 죄성이 적나라하게 폭로되는 과정이기도 합니다. 가장 사랑스러운 존재와 함께 있으면서 자신이 소멸할 것 같은 불안감을 느끼고, 살아 숨 쉬는 존재와 함께 있으면서 소외감을 느끼며, 이유를 정확히 알지 못한 채 깊은 우울감에

사로잡히기도 합니다. 이 때문에 엄마 되기는 다른 어떤 영적 훈련보다도 더 도전적이라고 할 수 있습니다.

좋은 엄마

육아 초기에 엄마들은 자신을 돌아볼 여유도 없이 아이 돌봄에 시간과 에너지를 다 써야 합니다. 직장을 다니든, 전업주부든 상황은 별반 다르지 않습니다. 그러나 좋은 엄마가 되려면 아이만 바라보기 이전에 먼저 자기 자신을 돌아볼 줄 알아야 합니다. 아이를 잘 기르는 것만으로 좋은 엄마가 되는 것이 아니기 때문입니다. 좋은 엄마가 되려면 '아이를 위해 무엇을 해야 하는가'라는 질문이 아니라, '나는 어떤 사람이 되어야 하는가'라는 질문을 먼저 해야 합니다. 그래서 앞서 간단히 언급했듯이, 《엄마 먼저》에서는 좋은 엄마를 이렇게 정의 내립니다. 좋은 엄마란,

> '하나님과 인격적인 관계를 맺고 누리며, 자기 자신을 사랑하고, (남편을 사랑하고 섬기며) 자녀를 사랑으로 양육하고, 하나님의 세상을 경영하는 사람'이며, 이 모든 영역에서 '균형 있게 성장해 가는 사람'입니다.

다른 말로 하면, 좋은 엄마는 하나님, 자신, (남편과) 자녀, 공동체, 세상과 맺는 모든 관계에서 성장해 가며, 자녀들 또한 그렇게 성장하도록 양육하는 사람입니다. 좋은 엄마는 이미 완성된 사람이 아니라 자라 가는 사람입니다. 이것은 매우 중요한 점이며, 많은 엄마에게 힘이 되는 말이기도 합니다. 엄마는 아이를 잉태한 순간부터 이미 엄마지만, 또한 엄마가 되어 가는 존재이기도 합니다. 그러므로 아이를 기르다가 자잘한 실수를 하거나 실패를 경험하는 것은 당연하고도 자연스러운 일입니다.

(1부)
(1주)
(1일)

좋은 엄마로 성장해 가기 위해 가장 중요한 것은 기초를 놓는 일입니다. 그리고 그 기초를 잘 다지고 그 기초 위에 다른 것들을 세워 가는 것입니다. 기초를 든든히 다지는 것이 얼마나 중요한지에 대해 예수님은 누가복음에서 이렇게 말씀하셨습니다.

누가복음 6장 47-48절

내게 와서 내 말을 듣고 그대로 행하는 사람은 어떤 사람과 같은지를 너희에게 보여 주겠다. 그는 _____ _____ 사람과 같다. 홍수가 나고 물살이 그 집에 들이쳐도, 그 집은 흔들리지도 않는다. 잘 지은 집이기 때문이다.

누구나 잘 알 듯이 좋은 집을 지으려면 토대를 잘 잡는 것이 중요합니다. 그것이 전부라고 말해도 과언이 아닐 정도입니다. 그러나 막상 집을 지을 때는 기초를 무시하고 싶은 유혹에 빠지기 쉽습니다. 기초는 겉으로 드러나지 않기 때문입니다. 엄마 되기의 기초를 다지는 일도 그럴 수 있습니다. 눈에 보이는 일들을 멋지게 잘해 내려고 애쓰다가 정작 가장 중요한 기초는 잊어버리기 쉽습니다.

무엇을 기초로 놓을지는 선택의 문제입니다. 이 세상은 자녀를 잘 키우려면 꼭 알아야 한다고 주장하는 것들로 가득합니다. 마치 그것만 있으면 아이를 훌륭한 사람으로 기를 수 있다고 믿게 만드는 그런 것들 말입니다. 정말 그런 것 같고, 귀가 솔깃해지지요. 이런 세상에 살면서 엄마가 해야 하는 첫 번째 훈련은 기초를 무엇으로 삼을지 결정하고, 계속해서 그것을 기초로 삼는 것입니다.

엄마 되기의 기초, 하나님 아버지와의 관계

교육 전문가의 의견도 필요하고, 또래 엄마나 선배 엄마의 조언도 필요합니다. 그러나 자녀 양육은 외부인들이 줄 수 있는 조언보다 훨씬 더 근원적인 답이 필요한 과업입니다. 그러므로 사람이 태어나서 자라는 것에 대한 핵심적인 원리를 알려 주는 하나님께 먼저 나아가야 합니다. 그리고 그분께 부단히 배우며 연습해야 합니다. 좋은 엄마가 되기를 바란다면, 먼저 하나님을 알아 가고, 하나님을 사랑하며, 하나님을 신뢰하고, 하나님께 순종하며, 하나님과 친밀한 관계를 맺는 법을 배워 가는 훈련을 합시다.

하나님과 친밀한 관계를 누리고 싶은 갈망은 모든 사람 안에 있는 가장 근원적인 갈망입니다. 원래 사람이 그렇게 창조되었습니다. 히포의 아우구스티누스는 《고백록》에서 이렇게 말했습니다. 정말 많은 책에서 인용되는 말이지요. 하나님의 형상으로 지어졌다는 말이 의미하는 바이며, 인간이 어떻게 살아야 하는지를 선명하게 알려 주는 말이기 때문일 것입니다. "당신께서 우리를 지으실 때, **당신을 향하여 살도록 만드셨기에** 당신 안에서 쉼을 얻기까지 우리 마음은 쉴 수 없습니다."

어린 자녀를 양육하면서 힘이 드는 것은 당연합니다. 몸과 마음의 에너지를 엄청나게 사용해야 하는 일이니까요. 그런데 만약 그 이상으로 마음이 갑갑하고 힘들다면, 엄마 마음속에 있는 하나님을 향한 갈망이 채워지지 않아서 그렇다고 볼 수 있습니다. 많은 엄마들이 이 말에 대해 부인하지 않고 동의합니다. 그러나 동의하긴 해도 다른 한편으로는 하나님께 나아가는 시간을 내기가 어렵다고 하소연합니다. 엄마들에게 가장 부족한 것이 시간입니다. "아이들은 엄마의 시간을 먹고 자란다"라는 말이 있습니다. 정말 적절한 말이라고 생각되지 않나요? 아이를 돌보고 집안일을 하느라, 해야 할 일이 너무 많아서 제때 식사를 하지 못하는 날도 많아집니다. 그러니 아이를 키우면서 하나님께 집중하는 시간을 내기란 무척 어렵다는 말은

(1부) 맞습니다.

(1주) 그런데 하나님과의 관계에서 정말 중요한 것은 그런 시간을 지키는
(1일) 것이 아니라, 하나님을 삶의 우선순위에 두는 것입니다. 엄마들에게
필요한 것은 그 마음입니다. 하나님께 예배드리는 자는 신령과 진정으로
예배드리라고 하셨습니다. 하나님을 향한 진실한 마음이 있다면, 그 마음으로
하나님과 만나는 방법을 찾을 것입니다. 이전과 다른 새로운 방식으로
하나님께 나아갈 수 있다면, 어린 자녀를 기르는 시기는 성장 정체기가
아니라 성장을 위한 좋은 기회가 될 수 있습니다.

    엄마가 되어서 하나님에 관해 배울 수 있는 최고의 지식은 하나님은
우리 아버지시며, '나는 하나님의 딸'이라는 진리입니다. 이전에는 피상적으로
하나님을 아버지로 알았다면, 엄마가 된 후에 이 관계는 일상 가운데서
배우고 경험할 수 있는 실존적 진리가 되기 시작합니다. 그러므로 영유아를
기르는 시기에 엄마는 아이들이 아니라, 먼저 엄마 자신에게 초점을 맞추는
것이 좋습니다. 자녀에게 부모 역할을 하기 전에 엄마 자신이 먼저 하나님
아버지의 자녀로 사는 법을 배우는 것입니다. 하나님이 우리 아버지시며,
우리가 하나님의 자녀라고 선언하는 성경 구절을 찾아보세요.

요한복음 1장 12-13절

    그러나 그를 맞아들인 사람들, 곧 그 이름을 믿는 사람들에게는,
_____ 을 주셨다. 이들은 혈통에서나, 육정에서나,
사람의 뜻에서 나지 아니하고, 하나님에게서 났다.

로마서 8장 14-16절

    하나님의 영으로 인도함을 받는 사람은, _____
입니다. 여러분은 또다시 두려움에 빠뜨리는 종살이의 영을 받은 것이

아니라, _____을 받았습니다. 그래서 우리는 그 영으로
하나님을, "_____"라고 부릅니다. 바로 그때에 그 성령이 우리의
영과 함께, 우리가 _____임을 증언하십니다.

예수님께서도 제자들에게 기도를 가르쳐 주시면서, 하나님을 "하늘에 계신
우리 아버지"라고 부르라고 하셨습니다. 지금 잠시 눈을 감고 숨을 깊이
내쉬고 들이마시면서 이렇게 하나님을 불러 보세요.

"하늘에 계신 우리 아버지"

엄마가 하나님을 아버지로 알아 가게 되면, 다음과 같은 유익을 얻을 수
있습니다.

엄마 자신을 향한 하나님 아버지의 사랑을 알게 됩니다
성경에는 하나님께서 자애롭고 성실한 아버지와 어머니처럼 우리를
돌보신다는 약속이 가득합니다. 하나님은 나에 관한 모든 것을 알고 계시며,
내가 어디를 가든지 함께하시며, 내게 생명을 주셨을 뿐 아니라 내게 필요한
모든 것을 주시고, 또 사랑 가득한 눈으로 나를 바라보시며 기쁨에 겨워하는
분이십니다.

　　많은 엄마가 아이를 낳고 나서 하나님 아버지의 사랑을 더 잘 알게
되었다고 고백합니다. 아이를 향해 쏟아지는 사랑을 느끼면서, '하나님께서도
나를 이런 마음으로 보고 계시는구나' 하고 알게 되지요. 그래서 하나님께서
그러하시듯 엄마도 자기 자신을 소중히 여기고 사랑할 수 있게 됩니다.
하나님께서 우리를 어떻게 보고 계시는지 알려 주는 말씀을 찾아보세요.

1부 1주 1일

시편 139편 13-14, 17-18절

주님께서 _____

_____ 오묘하고 주님께서 하신 일이 놀라워, 이 모든 일로 내가 주님께 감사를 드립니다. 내 영혼은 이 사실을 너무도 잘 압니다.…하나님, _____

_____ 내가 세려고 하면 모래보다 더 많습니다.

스바냐 3장 17절

주 너의 하나님이 너와 함께 계신다. 구원을 베푸실 전능하신 하나님이시다. _____ , 너를 사랑으로 새롭게 해 주시고 _____ .

아이들을 통해 하나님 아버지를 배울 수 있습니다

부모는 어른이어서 자신이 아이들을 가르치는 존재라고 생각합니다. 그러나 오히려 부모가 아이들을 통해 하나님 아버지와 관계 맺는 법을 배울 수 있습니다. 아이들의 특성이 무엇인가요? 아이들은 부모를 전적으로 의존하고 믿고 따릅니다. 필요한 것은 무엇이든 망설이지 않고 부모에게 요구합니다. 아이들은 엄마와 애착을 형성하고, 엄마와 떨어지지 않으려고 합니다. 어디를 가든 엄마와 함께 있으려고 합니다. 엄마에게 사랑한다고 말하고, 엄마에게 사랑을 달라고 말합니다. 그리고 아이들의 가장 큰 특성은 열심히 자라는 것이지요.

하나님께서 엄마가 된 이들에게 바라시는 것도 이런 것들입니다. 하나님의 사랑을 원하고, 하나님을 의지하며, 필요한 것은 하나님께 구하고, 하나님에게서 떨어지지 않는 것 말입니다. 그래서 하나님과 관계 맺는 일은 어른들보다 아이들이 더 잘하며, 아이들이 어른들의 선생님입니다. 예수님께서 아이들을 어떻게 보시는지 마태복음 18장 3절을 찾아보세요.

너희가 돌이켜서 ＿＿＿＿＿＿＿ 되지 않으면, 절대로 하늘 나라에 들어가지 못할 것이다.

오늘의 과제

1. 자녀 양육에 관한 질문이 생길 때 다음 중 무엇을 통해 답을 찾았는지 돌아보고, 그 이유를 적어 보세요.

자녀 양육 서적, 인터넷 정보(블로그, 카페, 페이스북, 유튜브 등), 자녀 교육 전문가, 텔레비전 프로그램, 지인(친구, 조리원 동기, 선배 엄마, 이웃 엄마), 그 외

2. 아이를 기르다가 어려움에 맞닥뜨리거나 질문이 생길 때, 다른 누군가가 아니라 하나님께 여쭤 본다면 엄마로서 삶이 어떻게 달라질지 생각하고 답해 보세요.

3. 아이를 양육하면서 하나님과의 관계에 대해 배울 수 있는 가장 중요한 진리가 무엇이라고 생각하는지 적어 보세요.

1주.   **하나님 알아 가기와
　　　　　하나님 사랑하기**

1일.   좋은 엄마 되기의
　　　　　기초

2일.   **하나님 알아 가기의
　　　　　보고(寶庫)**

3일.   하나님을 경외하고
　　　　　경탄하기

4일.   하나님과
　　　　　대화하기

날짜

(1부) **잠시 생각해 보기**
(1주)
(2일) 부모가 하나님과 사랑이 넘치는 인격적인 관계를 누리는 것이 자녀에게 어떤 영향을 미칠지 생각해 보세요.

하나님 아버지를 알아 가고 사랑하는 방법

하나님과 관계를 맺는 데는 몇 가지 정해진 방법만이 아니라 매우 다양한 방법이 있습니다. 여러 사람을 통해 이미 검증되었고, 대다수 그리스도인이 누리는 방법들이 있지요. 그런 방법들을 잘 안다면, 그 방법을 통해 하나님과 만나면 됩니다. 그러나 엄마가 되고 나서 예전처럼 하나님과 교제하는 것이 어렵다면, 아이를 양육하는 동안에는 상황에 맞는 새로운 방식을 배우는 것이 좋습니다. 새로운 것을 배울 때는 그 방식대로 3주 이상 훈련하는 것이 필요하며, 혼자보다는 다른 이들과 같이 하는 것이 도움이 됩니다.

　　모든 그리스도인은 성경, 예배, 기도를 통해 하나님을 알아 가고 사랑하며 살 수 있습니다. 한 가지씩 깊이 생각하면서 자신에게 맞는 방법을 찾아보세요.

성경, 하나님 아버지를 알려 주는 책

성경은 하나님이 누구신지 알려 주며, 또 무슨 일을 하셨고 지금 하고 계시는지, 그리고 앞으로 무엇을 하실지 알려 줍니다. 온 세상을 회복하시는 하나님의 구원 역사와 더불어, 우리 각 사람을 향한 하나님의 뜻이 무엇인지 구체적으로 알려 줍니다. 그뿐 아니라 성경을 읽고 묵상할 때, 성령께서는 우리 마음에 사랑과 평안과 기쁨을 주십니다. 엄마는 아이에게 하루 세끼 밥을 먹이듯, 자신도 하나님 아버지의 말씀을 매일 꾸준히 먹어야 합니다. 말씀은 우리 안에 있는 영원한 생명을 자라게 하는 밥입니다. 아이를 돌보느라 정신없이 바쁜 와중에도 성경을 내면화하고, 성경 말씀으로 매일 새 힘을 얻는 방법을 찾아봅시다.

성경을 누리는 방법

① 설교 듣기

공동체와 함께 예배드리며 설교를 귀담아듣는 것은 말씀을 누리는 가장 쉬운 방법입니다. 설교를 들으면 혼자 성경을 묵상할 때와는 달리 다른 가족들과 말씀을 공유한다는 느낌이 생깁니다. 그리고 다른 가족들과 깨달은 말씀을 나누면서 그 내용을 더 깊이 마음에 새길 수도 있습니다. 그러므로 주일 예배 때나 가정교회 같은 작은 공동체로 모일 때 말씀 듣는 시간을 소중히 여기세요. 아이들과 함께 예배드리기 때문에 집중하기 어려운 환경에서도 최선을 다해 **내게 주시는 말씀 한 구절**을 들으려고 해 보세요. 설교 말씀을 전부 다 기억할 수는 없으므로, 그날 내게 주시는 말씀 한 구절을 기억하고 한 주 동안 되뇌며 기억하는 것이 좋습니다. 요즘은 유튜브로 주일 예배 설교가 올라오는 경우도 많으므로 설교 다시 듣기도 추천합니다.

② 읽기

성경을 꾸준히 읽으면 큰 유익이 있습니다. 성경 전체를 관통해서 알려 주시는 하나님에 대한 지식을 알 수 있기 때문입니다. 그런데 특히 나이가 어린 아이를 양육할 때는 성경을 많이 읽기가 어렵습니다. 그럴 때는

(1부)
(1주)
(2일)

성경 중 한 책을 정해서 그 책을 여러 번 읽는 것이 좋습니다. 예를 들면, 에베소서는 총 6장이라서 천천히 읽어도 일주일에 두 번 정도 반복해서 읽을 수 있습니다. 주일 설교에서 다룬 성경 말씀이나 그달 큐티 본문을 여러 번 읽는 것도 좋습니다. 성경을 읽을 때는 소리 내어 읽으면 좋습니다. 큰 소리로 성경을 읽으면 잡다한 생각이 물러가고 성경에 더 집중할 수 있으며, 눈과 귀와 손까지 동원해 온몸으로 성경을 읽는 효과가 있습니다.

원래 성경은 읽기 위해서가 아니라 듣기 위해서 쓰였습니다. 요즘은 온라인을 통해 성경을 들을 수 있는 자료도 손쉽게 구할 수 있습니다. 단순하고 반복적인 일을 할 때는 오디오 성경을 틀어 놓고 듣는 것도 좋습니다.

또한 아이에게 성경을 읽어 주면서 엄마도 함께 성경을 읽을 수 있습니다. 특히 아이가 잠들기 전에 침대 머리맡에서 성경을 읽어 주는 것이 좋습니다. 아이들은 어른들이 생각하는 것보다 성경을 훨씬 더 잘 이해합니다. 어른용 성경이 어렵다고 생각해서 어린이용 성경을 읽어 주는 엄마들이 많은데, 굳이 그렇게 하지 않아도 됩니다. 어린이용 성경은 내용이 너무 많이 생략되어 있고 쉬운 단어만 사용해서 오히려 아이들의 상상력과 어휘력 발달을 더디게 할 수 있습니다. 새번역성경같이 요즘 한국어로 번역된 성경을 그대로 읽어 주면 아이들은 놀라운 이해력과 상상력으로 하나님 나라 이야기를 받아들입니다.

③ 묵상, 큐티, 렉시오 디비나
한두 단락 정도의 성경 본문을 여러 번 읽은 후, 그 말씀 안에서 하나님과 자신에 대해 배워야 할 것을 찾아 곰곰이 생각하고 기도하며 행동으로 옮기는 것이 묵상입니다. 성숙한 그리스도인이 되기 원하는 이에게 성경 묵상은 매우 중요합니다. 성경을 빠르게 읽어 내려갈 때는 깨닫지 못했던

진리에 눈이 떠지며, 하나님이 우리를 얼마나 경이롭게 사랑하시는지를 선명하게 알게 됩니다. 만약 묵상을 어떻게 하는지 잘 모르거나 묵상하기가 어렵다면, 함께하면서 가르쳐 줄 신앙 선배를 찾아서 묵상을 배우는 것도 추천합니다. 말씀 묵상은 자녀를 잘 기를 수 있는 기본 원리를 배우는 길이기도 합니다.

말씀을 깊이 묵상하는 데는 기본적으로 20분 정도가 필요합니다. 이만큼 시간을 내기도 어려운 시기라면 다음처럼 말씀을 묵상하는 방법을 제안합니다.

1) 우선 그날 본문을 세 번 큰소리를 내어 읽으세요.
2) 말씀을 읽다가 성령께서 강하게 말씀하시는(마음에 와닿는) 부분을 한 구절만 찾아봅니다.
3) 3-5분 정도 눈을 감고 그 구절을 되뇌면서, 그 말씀을 깊이 생각해 보세요.
4) 그리고 그 구절을 일과 중에 자주 되뇌세요.

묵상 또한 아이와 함께 배울 수 있습니다. 아이들은 성령께서 주시는 영감과 아이들만의 특별한 능력인 직관적 이해력으로 성경 말씀 안에서 놀라운 발견을 해내곤 합니다. 아이가 성경 말씀에 대해 말한 내용을 기록으로 남겨 놓으세요. 소중한 영적 자산이 될 것입니다.

④ 암송하기(되뇌기)
성경 말씀이 알려 주는 영적 진리를 내면 깊이 심는 것이 묵상이라면, 심긴 진리를 내면에 뿌리내리도록 하는 것은 암송입니다. 일상에서 말씀을 되뇌는 것은 모든 그리스도인에게 꼭 필요한 영적 훈련이지만, 특히 영유아 엄마들이 말씀의 힘을 누릴 수 있는 효과적인 방식입니다. 가만히 앉아서

(1부)
(1주)
(2일)

성경을 읽거나 묵상하기는 어렵지만, 아이를 돌보면서도 말씀 한 구절을 되뇌는 것은 어렵지 않기 때문입니다. 그런데 이 방식이 성경을 누리는 다른 어떤 방법 못지않게 좋은 방법입니다. 하나님께서 우리를 위해 이루어 주신 일들은 두세 마디 짧은 구절로도 평생 묵상할 수 있는 놀라운 사실입니다. 예를 들어 "나는 하나님 딸이다"라는 사실은 우리가 영원히 누릴 수 있는 영적 진리입니다. 이 구절을 자주 되뇌면서 내면화하면 분주하게 아이들을 기르는 가운데서도 큰 평안과 기쁨을 누릴 수 있습니다. 또 그렇게 일상에서 말씀을 되뇌는 것 자체가 기도이자 예배입니다. 주일 예배 설교에서 들은 말씀이나 《엄마 먼저》에서 찾은 구절 중에서 딱 **한 구절**을 택해서 한 주 동안 계속해서 되뇌어 보세요.

성경은 하나님께서 전 인류를 위해 하신 놀라운 일에 대해 알려 주며, 또한 그로 인해 우리가 어떤 존재가 되었는지 알려 주는 하나님의 메시지입니다. 하나님은 우리 가운데 계시고, 아주 가까이 계시며, 우리 각자와 친밀하게 소통하기를 원하십니다. 성경을 통해서 하나님을 알아 가며, 하나님을 사랑하는 방법을 찾고, 그 방법대로 말씀을 누리기를 소망합니다.

오늘의 과제

성경을 누리는 여러 방법 중에서

1. 지금까지 어떤 방법으로 성경을 누렸나요?

2. 새로 배우고 싶은 방법 하나를 찾아서 구체적으로 적고 나눠 보세요. 그리고 그 방식을 한 달간 연습해 보세요.

1주.   **하나님 알아 가기와
하나님 사랑하기**

1일.   좋은 엄마 되기의
기초

2일.   하나님 알아 가기의
보고(寶庫)

3일.   **하나님을 경외하고
경탄하기**

4일.   하나님과
대화하기

날짜

(1부) **잠시 생각해 보기**

(1주) 예배를 드리면서 삶이 크게 변화한 경험이 있었는지 생각해 보세요.

(3일)

예배

예배는 '지금 여기에서' 하나님 아버지를 경배하는 것입니다. 하나님을 경배할 때 우리는 하나님을 경외하고 경탄합니다. 하나님으로 인해 기뻐하고 감사하며, 영과 진리로 하나님의 임재 앞으로 나아갑니다. 하나님 아버지를 알아 갈수록 우리는 하나님의 위대하심과 사랑에 감탄하게 됩니다. 그것이 예배입니다. 예배의 본질이 무엇인지 설명해 주는 베드로전서 1장 8절을 읽어 봅시다.

> 여러분은 그리스도를 본 일이 없으면서도 사랑하며, 지금 그를 보지 못하면서도 _____
> _____ 있습니다.

이 말씀에 따르면, 예배의 본질은 믿음으로 하나님의 영광을 우러러보고 기뻐하고 즐거워하는 것입니다. 그래서 예배는 하나님께 올려 드리는 것인 동시에, 예배드리는 자의 마음에 기쁨과 샬롬을 줍니다. 특히 예배자의 마음에 기쁨을 주는 예배 방식은 찬양을 부르는 것입니다. 예배가 시작할 때는 마음이 울적했지만 예배를 드린 후에 미소 지으면서 나온 경험이 있지 않나요? 예배의 가장 큰 유익은 하나님을 기쁘게 해 드리면서, 그로 인해 우리 마음도 즐거워진다는 것입니다. 그래서 예배드리는 엄마는 자녀에게 훨씬 더 너그럽고 자애로운 엄마가 될 수 있습니다. 엄마 마음에 평안이 있으면, 아이들에게도 그 평안을 흘려보낼 수 있겠지요. 아이들은 좋은 정서든 나쁜 정서든 엄마 내면에 무엇이 있는지 예민하게 알아차립니다. 그래서 예배드리는 엄마는 말로 설명하지 않아도 아이에게 하나님의 기쁨과 사랑을 전해 줄 수 있습니다.

예배, 삶의 최우선순위

예배를 어떻게 드려야 하는지 알려 주는 성경 구절을 찾아봅시다.

> **히브리서 13장 15절**
> 그러나 우리는 _____ 끊임없이 _____
> _____ 드립시다. 이것은 곧 그의 이름을 고백하는 입술의 열매입니다.

> **골로새서 3장 16절**
> _____ 마음으로 _____ 여러분의 하나님께
> _____ .

먼저 공동체로 모여서 예배드릴 때마다 마음을 다해 예배를 드리십시오. 주일 예배든 소모임 예배든, 다른 생각에 마음을 빼앗기지 말고 모든 생각을 모아서 찬양을 드리며 하나님께 집중해 보세요. 하나님께서는 우리를 예배자로 부르셨습니다.

(1부) (1주) (3일) 아이를 기르는 엄마들이 특권처럼 누릴 수 있는 또 다른 방식의 예배가 있습니다. 아이들과 함께 일상 중에서 하나님께 나아가는 예배입니다. 로마서 12장 1절에서 가르치는 예배가 무엇인지 찾아보세요.

여러분의 _____ 거룩한 산 제물로 드리십시오.
이것이 여러분이 드릴 합당한 예배입니다.

믿음의 도약은 골방에서 고요히 하나님을 만날 때만 일어나는 것이 아닙니다. 매일 챙겨야 하는 집안일이나 매 끼니 식사 준비 등 가족을 위해 봉사하는 행위를 통해 우리 내면에 예배자의 덕목이 자라날 수 있습니다. 마음이 낮아지고, 하나님을 의지하고, 온 우주를 만드신 동시에 작은 풀벌레까지 돌보시는 하나님의 섬세함을 알 수 있습니다. 아이의 필요를 세심하게 살피고 돌보는 일은, 성육신하셔서 제자들을 섬기셨던 예수님을 따라 하는 것입니다. 그래서 착한 마음으로 아이와 가족들을 섬기는 시간이 다른 어떤 일만큼이나 하나님 아버지를 예배하는 시간이 될 수 있습니다. 마태복음 20장 26-28절에서 예수님은 이렇게 말씀하십니다.

너희 가운데서 위대하게 되고자 하는 사람은 누구든지 너희를 섬기는 사람이 되어야 하고, 너희 가운데 으뜸이 되고자 하는 사람은 너희의 종이 되어야 한다. _____
_____, 많은 사람을 위하여 자기 목숨을 몸값으로 치러 주려고 왔다.

창조 영성

하나님이 창조하신 자연을 바라보며 하나님의 살아 계심과 선하심을 알아차리는 영적 감수성이 창조 영성입니다. 진정한 예배는, 하나님께서 무엇을 해 주시기를 바라거나 하나님께 무엇을 해 드리려고 하기 전에, 하나님께서 이미 주신 복을 헤아려 보는 것으로 시작합니다. 하나님의 복은 멀리 있지 않고 우리가 숨 쉬고 먹고 쉬면서 살아가는 집 안에 충만합니다. 저녁 식탁 위에도, 아이의 까르르 웃음소리 속에도, 아이가 매달린 엄마의 따스한 어깨 위에도, 내쉬고 들이쉬는 호흡에도 함께하시는 하나님을 알아차린다면 그것이 예배입니다.

아이를 낳고 양육하는 것은 하나님의 창조 사역과 돌봄 사역에 함께하는 것입니다. 그뿐만 아니라, 이는 우리를 참된 예배로 이끕니다. 아이의 작은 손과 발을 어루만지면서, 해맑은 눈을 바라보면서, 가슴에 폭 안겨 있는 아이를 쓰다듬으면서, 이렇게 아름답게 창조하신 하나님께 경배와 찬양을 드려 보세요. 또한 일과 중에 잠시 멈춰 서서 자라는 아이를 바라보며 감사를 드려 보세요. 그것이 바로 창조주 하나님께 드리는 예배입니다.

오늘의 과제

1. 불평이 많아지거나, 화가 나거나, 우울해지거나, 갑갑해진다면 다른 이유를 찾기 전에 예배를 드리고 있는지 돌아보세요. 영과 진리로 하나님께 마음을 다해 예배드린 적이 언제였나요?

2. 아이를 바라보면서 하나님께 감탄의 예배를 드려 보세요.

3. 예배자로 자라기 위해 훈련해야 할 것이 있다면 적어 보세요. 특히 어떤 예배를 훈련하고 싶은지 구체적으로 적어 보세요.

1주.   **하나님 알아 가기와 하나님 사랑하기**

1일.   좋은 엄마 되기의 기초

2일.   하나님 알아 가기의 보고(寶庫)

3일.   하나님을 경외하고 경탄하기

4일.   **하나님과 대화하기**

날짜

(1부) **잠시 생각해 보기**
(1주) 기도가 의무일까요? 아니면 특권일까요?
(4일)

기도, 하나님 아버지를 경험하고 의지하는 법

엄마들은 자주 아이를 기도로 초대합니다. "우리 손 모으고 하나님께 기도드리자." 기도를 배운 적 없는 엄마들도 아이가 아프거나 상황이 위급하면 기도를 드리게 되지요. 이런 경우의 기도가 간구입니다. 기도가 무엇인지 가르쳐 주는 성경 구절을 찾아보세요.

빌립보서 4장 6-7절

_____ 모든 일을 오직 기도와 간구로 하고,
여러분이 _____.
그리하면 사람의 헤아림을 뛰어 넘는 하나님의 평화가 _____
_____ 그리스도 예수 안에서 지켜 줄 것입니다.

히브리서 4장 16절

그러므로 우리는 _____ 그리하여
우리가 _____ 받도록 합시다.

기도는 하나님과 대화하는 것입니다. 하나님께서 하시는 말씀을 먼저 듣고, 그리고 하나님께 말씀드리는 것이 기도입니다. 하지만 여기서는, 좁은 의미의 기도, 곧 우리에게 필요한 것을 하나님께 말씀드리는 간구의 기도에 대해 생각해 보겠습니다. 간구하는 기도는 필요한 것을 하나님 아버지에게서 얻고, 그로 인해 하나님의 사랑을 경험하는 것입니다. 하나님께는 너무 커서 구하지 못하거나, 너무 사소해서 구하지 않아도 되는 것은 없습니다. 하나님께 여쭙고 간구해야 하는 이유는 하나님께서 이미 우리에게 주겠다고 약속하셨기 때문입니다.

아이 엄마들이 하나님께 가장 얻고 싶어 하는 것은 아이를 잘 기를 수 있는 지혜겠지요. 무엇을 먹여야 할지, 무엇을 가르쳐야 할지, 어떻게 훈육해야 할지를 분별하는 지혜가 늘 필요합니다. 또한 아이를 사랑으로 기를 수 있는 내적 평안함과 기쁨과 자신감도 필요합니다. 하나님께서는 자녀를 잘 기르는 데 필요한 모든 것을 주겠다고 약속하셨으며, 우리가 기도로 여쭙고 구할 때 하나님께서는 대답해 주시고 필요한 모든 것을 주실 것입니다.

하나님은 우리의 간구를 좋아하십니다. 이미 주기로 약속하신 것도 우리가 기도드릴 때 주고자 하십니다. 이를 통해 하나님의 사랑을 제대로 알 수 있고, 하나님께서 우리 삶의 주인이심을 더욱 잘 믿을 수 있기 때문입니다. 하나님은 우리가 바라는 것을 자판기처럼 주기 원하지 않습니다. 우리가 기도를 통해 우리와 함께하시는 하나님을 알기를 바라시고, 그로 인해 우리의 내면이 예수님을 닮은 사람으로 성숙해 가기를 바라십니다. 우리는 욕심과 불안과 고통 속에서 기도하기 시작하지만, 하나님은 기도를 통해 우리에게 없어도 되는 것은 제거하시고, 우리에게 꼭 필요한 것들로 채워 주십니다. 또한 더 나아가 우리는 기도를 통해 하나님을 "아바, 아버지"로 부르며, 그분 품 안에서 평안과 기쁨을 누리게 됩니다.

> 1부

자녀를 양육하면서 배울 수 있는 기도

> 1주

① 하나님을 '아바, 아버지'로 부르며 기도하기

> 4일

아이를 기르면서 하나님에 대해 배울 수 있는 가장 놀라운 진리는 하나님이 나의 아버지, 우리 아버지임을 알아 가는 것이라고 앞에서 말했습니다. 엄마는 사랑스러운 아이의 모습을 보면서 이 진리를 실제로 알아 갑니다. 바쁜 일상 가운데서 자주 하나님 아버지를 불러 보세요. 이미 모든 것을 다 알고 계시는 하나님 아버지께서 엄마들에게 필요한 것을 채워 주실 것입니다.

② 주기도문으로 기도하기

주기도문은 예수님께서 제자들에게 직접 가르쳐 주신 기도입니다. 너무 많이 알려져서 오히려 간과하기 쉬운 기도지만, 무엇을 기도해야 하는지를 알려 주는 중요한 기도입니다. 주기도문 안에는 우리가 하나님의 뜻을 구하며 살아갈 때 우리에게 필요한 모든 것을 채워 주신다는 약속이 담겨 있습니다. 주기도문의 한 문장 한 문장으로 아이를 위해, 그리고 엄마 자신을 위해 기도드려 보세요. "하나님의 이름이 저를 통해, 그리고 우리 아이 ○○이를 통해 거룩히 여김을 받게 해 주세요."

③ 성경으로 기도하기

성경을 읽고 묵상하면 하나님께 무엇을 간구해야 할지 알게 됩니다. 《엄마 먼저》를 통해 만나는 성경 구절에서도 간구할 기도를 찾을 수 있습니다. 성경 말씀 안에서 기도를 찾아 기도문을 만들어 보세요. 기도는 하나님의 뜻이 우리 가운데 이루어지도록 하는 것입니다. 저는 최근에 시편 72편을 묵상하면서 이런 기도문을 적고 기도드렸습니다. "하나님, 저희 자녀들이 하나님께서 부르신 일을 해낼 능력을 갖게 해 주시고, 특별히 가난한 이들을 생각하게 해 주시며, 그로 인해 하나님의 평화와 사랑과 공의가 공동체와 세상에 흘러가게 해 주시며, 주위 사람들이 복을 받고, 그리고 홀로 이 모든 일을 하시는 하나님을 영원토록 찬양하도록 해 주십시오." 하나님께서 말씀으로 주신 약속을 붙들고 아이를 위해, 그리고 자신을 위해 기도드릴 때, 우리 기도는 하나님의 뜻에 일치되는 깊은 기도가 됩니다.

그리고 《풍성한 삶의 기초》의 네 가지 관계 영역에 기초한 기도문을 만들어서 계속 기도드려 보세요. 엄마 자신과 아이가 "하나님과 인격적 관계를 누리며, 자기 자신을 사랑하고, 이웃을 사랑하고 섬기며, 하나님의 세상을 경영하는 사람으로 살아가게 해 주세요"라고 말입니다.

④ 이미지로 기도하기

상상력을 사용해서 성경을 묵상할 수 있듯이, 기도 또한 상상을 통해 드릴 수 있습니다. 조나단 에드워즈는 기도는 "믿음을 음성으로 표현하는 행위"라고 했습니다. 우리 믿음은 말로, 그리고 그 말이 그려 내는 이미지로 표현할 수 있습니다. 마음에 떠오르는 잡다한 영상들을 밀어내고 거룩한 이미지로 하나님께 기도드려 보세요. 하나님의 말씀이 그려 주는 대로 아이들이 자라가는 모습을 상상하며 이미지로 간구하는 것입니다.

오늘의 과제   기도 연습

1. 《엄마 먼저》를 함께 읽는 동안 어떤 기도를 연습하고 싶은지 구체적으로 적어 보세요.

2. 자녀 이름을 적고, 성경 말씀에 기초해서 자녀를 위한 기도문을 만들어 보세요.

3. 성경 말씀의 약속에 근거해서 자녀가 자라 가는 모습을 상상하는 기도를 드려 보세요.

2주.   하나님 신뢰하기와
       하나님께 순종하기

1일.   좋은 엄마 되기 비법

2일.   하나님을 신뢰하는
       기도 배우기

3일.   하나님을 향한
       사랑의 표현

4일.   부모들에게 주시는
       특별한 명령

날짜

① **잠시 생각해 보기**

②주
1일

자녀 양육과 관련해서 어떤 걱정거리가 있는지 적어 보세요.

그리스도인이 누리는 복

그리스도인이 된다는 것은, 하나님께서 창조주시며 우리는 그 하나님을 배반하고 돌아선 죄인이었으나, 예수님께서 십자가에서 우리 죄를 대신 지고 죽으셨다는 사실을 믿음으로 받아들이고 그분을 주님으로 고백하는 것입니다. 그리고 예수 그리스도를 주님으로 믿을 때 우리에게는 놀라운 일이 일어납니다. 우리 존재가 바뀌고, 내가 누구인지 새롭게 알게 됩니다. 그리스도를 알기 전에는 하나님과 원수였으나, 그리스도 안에서 우리는 하나님의 자녀가 되었습니다. 성령께서 우리가 하나님의 자녀라는 사실을 알려 주심으로, 우리는 하나님을 '아빠, 아버지'라 부를 수 있게 되었습니다. 하나님을 아버지라 부를 수 있는 사람에게 주어진 특권은 무궁무진합니다. 무엇보다 우리에게 어떤 어려운 과업이 주어질 때, 하나님 아버지께서 주시는 지혜와 힘을 의지해서 그 일을 해낼 수 있습니다. 우리는 두렵고 힘든 어떤 일이라도 혼자 해내려고 하지 않아도 됩니다.

자녀 양육도 마찬가지입니다. 가정에 아이가 태어나고 그 아이를 기를 수 있는 것은 너무나 큰 복입니다. 그러나 동시에 무척 어려운 일이라는 것은 초보 엄마들도 잘 알고 있지요. 아이를 기르면서 지치고 힘들 때, 우리는 하나님 아버지께 도움을 청하고 지혜를 구할 수 있습니다. 자녀 양육은 하나님을 의지할 때 잘할 수 있습니다. 엄마들이 듣는 많은 말 중에 이보다 더 큰 힘이 되는 말은 없을 것입니다.

엄마 되기의 어려움

아이 기르기가 왜 어려울까요? 여러 가지 이유가 있겠지요. 《엄마 먼저》를 함께 읽어 나가면서 각자가 당면한 어려움을 구체적으로 나누겠지만, 우선 아이를 키우면서 부모로서 마주하는 어려움을 대략 적어 보았습니다. 자신은 어떤 이유로 자녀 양육을 어렵다고 느끼는지 찾아보고, 밑줄을 그어 보세요.

- **정신적 어려움**: 아이 성장과 관련해서 생기는 불안함, 좋은 엄마가 아니라는 자책감, 다른 아이들과 비교하면서 생기는 욕심, 모든 것을 잘해 내려고 하는 완벽주의, 아이 성격이나 능력에 대한 불만, 조급함, 산후 우울증, 감정 기복, 무기력함, 수치심, 절망감, 분노, 미움, 비교 의식

- **신체적 어려움**: 피곤함, 병약함, 잘못된 습관, 게으름

- **세속적 가치관으로 인한 혼란**: (정보 과다로 인한) 혼란스러움, (친구 엄마들 말에) 휘둘림, 아이를 위해 해야 할 것이 너무 많아 보임

- **영적 어려움**: 하나님과의 관계가 정체되거나 퇴보

- **지식/지혜 부족**: 신앙 전수·훈육·자녀의 신체적·정신적 성장을 이끄는

1부
2주
1일

지식의 부족

· **관계의 어려움**: 부부 갈등, 양가와의 갈등, 아이와의 신경전, 해소되지 않은 분노, 용서하지 못한 관계

· **일하는 엄마의 어려움**: 직장과 육아 병행, 진로, 삶의 우선순위, (이기심인지 소명인지) 혼란스러움, (아이에게 시간을 충분히 내지 못해서 다 엄마 탓이라고 여기는) 죄책감, 미안한 마음

· **전업주부의 어려움**: 소외감, 자기 존재가 없어지는 듯한 느낌, '독박 육아' 상황에 대한 억울함, 남편에 대한 분노

자녀는 하나님의 것

이외에도 이런저런 다른 이유가 더 있겠지요. 그러나 자녀 양육을 어렵게 느끼는 근본 이유는 따로 있습니다. 부모가 아이를 '내 것'이라고 생각하고, 부모 뜻대로 기르려고 하기 때문입니다. 특히 엄마들이 여기저기에서 들은 말로 자신만의 양육 목표를 세우고, 자기 힘으로 그 목표를 이루려고 하기 때문입니다.

    자녀 양육에는 두 가지 다른 길이 있습니다. 한 가지 길은 부모가 자신이 원하는 대로, 자신이 계획한 대로, 자기 생각대로 자녀를 기르는 것입니다. 그렇게 해서 아이를 잘 기르는 부모도 더러 있습니다. 그러나 많은 경우는 그렇게 하다가 부모 뜻대로 되지 않으면 아이에게 화를 내고 상처를 줍니다. 아이를 기르는 또 다른 길은 아이를 지으신 하나님에게 의지하고, 하나님 뜻에 따라 자녀를 기르는 것입니다. 하나님께서 때를 따라 부어 주시는 지혜와 사랑으로 기르는 것입니다.

자녀는 부모의 것이 아니라 하나님의 것입니다. 하나님께서 창조하시고 부모에게 기르라고 맡기신 것입니다. 시편 127편 3절을 찾아보세요.

자식은 _____ 선물이요, 태 안에 들어 있는 열매는, _____ ___ 상급이다.

아이를 기를 때 이 사실을 꼭 기억하면 좋겠습니다. 아이는 부모의 자녀이기 전에 하나님의 자녀입니다. 하나님께서 만드셨고, 하나님께서 돌보시며, 하나님의 사람으로 자라게 하실 것입니다. 아이가 잘 자라지 못할까 봐 불안하고 조급해질 때마다 하나님께서 아이의 진정한 주 되심을 인정하고, 하나님께 도우심을 구해 보세요. 그리고 하나님께서 하실 일을 신뢰하고 그분께 맡겨 보세요. 하나님을 신뢰한다고 해서 무책임한 부모가 되는 것은 아닙니다. 부모로서 양육의 책임을 다하되, 그 결과에 대해 불안해하지 않고 하나님께 맡기는 것입니다. 그렇게 되면 내 욕심대로 아이들을 잘 기르고 싶은 조바심을 내려놓을 수 있고, 하나님의 사랑으로 아이를 바라볼 수 있습니다.

신뢰와 순종이 비법인 이유

하나님 신뢰하기와 하나님께 순종하기는 하나님 나라 백성의 삶의 원리입니다. 하나님 나라는 하나님께서 다스리고 돌보시는 곳이며, 아이들이 태어나 자라는 가정도 하나님 나라입니다. 그러므로 하나님 나라의 엄마는, 자녀 양육에 관한 하나님의 가르침과 명령에 순종하고, 하나님께서 자녀들을 잘 길러 주실 것으로 신뢰하는 사람입니다.

하나님의 약속을 예레미야 17장 7-8절에서 찾아보세요.

| 1부 |
| 2주 |
| 1일 |

그러나 _____. 그는 물가에
심은 나무와 같아서 뿌리를 개울가로 뻗으니, 잎이 언제나 푸르므로,
무더위가 닥쳐와도 _____, 가뭄이 심해도, _____.
그 나무는 언제나 _____.

하나님을 신뢰하면서, 자녀를 위해 꼭 해야 할 것 말고는 버리고 단순하게 사랑으로 양육하는 연습을 해 보세요. 지금 아이에게 해 주려고 애쓰는 많은 것들이 사실은 자녀에게 전혀 중요하지 않은 것일 수 있습니다.

오늘의 과제 자녀 양육을 위한 두 길 중에서 지금까지 어떤 길로 걸어왔습니까? 또 앞으로 어떤 길로 걸어가고 싶습니까? 그 길이 어떤 길인지 구체적으로 자신의 말로 설명해 보세요.

2주.   하나님 신뢰하기와
　　　　　하나님께 순종하기

1일.   좋은 엄마 되기 비법

2일.   하나님을 신뢰하는
　　　　　기도 배우기

3일.   하나님을 향한
　　　　　사랑의 표현

4일.   부모들에게 주시는
　　　　　특별한 명령

날짜

(1부) **잠시 생각해 보기**
(2주)
(2일) 지난 한 주간 하나님의 약속이 아니라, 소셜미디어에 올라온 글, 이웃집 친구 엄마 이야기 등에 너무 마음을 빼앗기지는 않았는지 돌아봅시다.

하나님 신뢰하는 법 배우기

브리지트 허먼은 위대한 성인들의 전기를 연구한 후에 이렇게 말했습니다. "위대한 성인들의 생애를 읽다 보면, 그들의 성인다움은 가장 사소한 행동조차도 하나님께 의뢰하는 습관에 있었다." 좋은 엄마가 되는 비결도 이것입니다. 성인들이 그랬듯이 자녀 양육 중에 생기는 크고 작은 모든 일을 하나님께 의지하는 것입니다. 하나님 보시기에는 우리 삶에 중요한 것과 사소한 것이 따로 있지 않습니다. 오히려 몇 번의 큰일보다는 수많은 사소한 일을 통해 하나님 사랑을 더 잘 배울 수 있습니다.

하나님께서 약속하신 말씀을 하나님 앞에서 주장하고, 자신에게 주장하고, 그리고 그 약속에 의지해서 살아가는 것이 하나님을 신뢰하는 것입니다. 하나님 아버지께서 약속하신 말씀 중에 엄마들이 하나님께 믿음으로 주장해야 할 것은 무엇일까요? 크게 두 가지로 나눠 볼 수 있습니다. 첫째, 하나님께서는 우리에게 **구원**을 약속하셨으며, 우리가 하나님께 믿음으로 화답하면 하나님 나라를 유업으로 주시겠다고 약속하셨습니다. 갈라디아서 3장 26, 29절을 찾아보세요.

여러분은 모두 _____ 하나님의 자녀들입니다.…여러분이 그리스도께 속한 사람이면 여러분은 아브라함의 후손이요, _____.

둘째, 하나님께서는 우리 삶의 모든 영역에 걸쳐 필요한 것들을 채워 주고, 우리 인생을 인도해 주겠다고 약속하셨습니다. 다음 구절들을 찾아보세요.

잠언 3장 5-6절

너는 마음을 다하여 주님을 의뢰하고, 너의 명철을 의지하지 말아라. _____ _____.

야고보서 1장 5절

여러분 가운데 누구든지 ___가 부족하거든, 모든 사람에게 아낌없이 주시고 나무라지 않으시는 하나님께 구하십시오. 그리하면 받을 것입니다.

히브리서 4장 16절

그러므로 우리는 담대하게 은혜의 보좌로 나아갑시다. 그리하여 우리가 자비를 얻고 은혜를 입어서, _____을 받도록 합시다.

하나님을 신뢰하는 기도 연습

우리는 일상생활 중 언제 어디서나 하나님을 의지할 수 있습니다. 특히 기도를 통해 하나님께 도움을 구할 수 있습니다. 하나님께 나아가 우리의

_{1부}
_{2주}
_{2일}

사정을 말씀드리고 필요를 요청드릴 수 있습니다. 하나님은 언제나 우리의 기도를 들으시고, 기도드리는 사람에게 응답하십니다. 그러므로 자녀 양육에서도 기도만큼 놀라운 특권은 없습니다.

그런데 기도를 잘하기가 쉽지 않습니다. 대다수 그리스도인이 기도를 가장 어려운 훈련이라고 합니다. 기도가 어려운 이유 중 하나는 자신이 삶의 주인이라는 사실을 내려놓아야 하기 때문입니다. 내 뜻이 아니라 하나님 뜻이 이루어지기를 바라며, 내가 할 수 있는 일을 하는 것이 아니라 가만히 앉아서 하나님께서 일하시기를 기다리는 것이기 때문입니다. 그래서 자기 뜻이 너무 확고하고 생각이 많으며 할 일이 너무 많아서 분주한 사람은 기도를 배우기가 매우 어렵습니다. 그러나 하나님은 우리가 기도의 자리로 먼저 나아오는 것을 좋아하십니다. 기도하기 위해 나아가는 것 자체가 자기 뜻을 내려놓고, 하나님을 의지한다는 표시이기 때문입니다.

자녀를 양육하면서 할 일이 너무 많고 분주하더라도 짧은 순간이라도 하나님께 온전히 나아가는 연습을 해 보세요. 기도는 하나님과 대화하는 것입니다. 하나님께서 하시는 말씀을 듣고, 자신이 바라는 것을 구하는 것입니다. 특히 하나님을 신뢰하고 의지하는 기도는 이렇게 드릴 수 있습니다.

① 말하는 기도
손을 꼭 쥐고 말하는 기도를 드려 보세요. 하나님께 구하고 싶은 것이나 여쭙고 싶은 것이나 호소하고 싶은 어려움을 있는 그대로 하나님께 말씀드리세요. 구구절절 다 말씀드릴 필요는 없습니다. 짧게 속마음을 그대로 말씀드리세요. 성경 구절 두 군데를 찾아보겠습니다.

시편 62편 8절

하나님만이 우리의 피난처이시니, 백성아, _____
_____, 그에게 너희의 _____.

빌립보서 4장 6-7절도 다시 한번 찾아보세요.

아무것도 염려하지 말고, 모든 일을 오직 기도와 간구로 하고, _____
_____을 감사하는 마음으로 _____. 그리하면
사람의 헤아림을 뛰어 넘는 하나님의 평화가 여러분의 마음과 생각을
그리스도 예수 안에서 지켜 줄 것입니다.

② 듣는 기도
손을 펴고 듣는 기도를 드려 보세요. 하나님께 말씀을 드린 후에는 그보다 더
긴 시간 침묵하면서 하나님께서 무엇이라고 말씀하시는지 들으면 좋습니다.
기도 시간에 말을 많이 하지 않아도 됩니다. 오히려 말씀드리는 시간보다
듣는 시간을 더 길게 가지세요. 기도가 진정으로 힘이 되는 까닭은 우리가
간구하는 대로 하나님께서 이루어 주시기 때문이 아니라, 그 상황을 통해
하나님의 뜻을 우리에게 알려 주시기 때문입니다.

③ 감사하며 간구하는 기도
편 손을 위로 올리고 다시 말하는 기도를 드려 보세요. 하나님이 주시는
마음으로 하나님께 다시 감사와 간구를 올려 드리세요.

④ 신뢰하고 평안을 누리는 기도
모든 기도를 드린 후에 하나님을 신뢰하고 평안함을 누리는 연습을 해
보세요.

시편 131편 1-2절

주님, 이제 내가 교만한 마음을 버렸습니다. 오만한 길에서 돌아섰습니다. _____을 가지려고 나서지 않으며, _____ _____을 이루려고도 하지 않습니다. 오히려, 내 마음은 _____ ___합니다. 젖뗀 아이가 어머니 품에 안겨 있듯이, 내 영혼도 젖뗀 아이와 같습니다.

오늘의 과제 지금 어떤 걱정거리가 있다면 그것을 놓고 5분 동안 다음 순서에 따라 '하나님을 신뢰하는 기도'를 드려 보세요.

1) 말하는 기도
2) 듣는 기도
3) 감사하며 간구하는 기도
4) 신뢰하고 평안을 누리는 기도

2주. 하나님 신뢰하기와 하나님께 순종하기

1일. 좋은 엄마 되기 비법

2일. 하나님을 신뢰하는 기도 배우기

3일. 하나님을 향한 사랑의 표현

4일. 부모들에게 주시는 특별한 명령

날짜

(1부) **잠시 생각해 보기**
(2주) 인격적으로 신뢰할 만한 누군가의 조언대로 해서 유익을 누린 경험이
(3일) 있습니까?

사랑과 신뢰의 표현인 순종

하나님께서 창조주시자 주권자임을 인정하고 기꺼이 그분 말씀을 행동으로 옮기는 것이 순종입니다. 그러므로 순종은 삶으로 드리는 예배이며, 하나님을 향한 사랑의 표현입니다. 따라서 순종은 징벌을 피하거나 하나님을 기쁘게 해 드려서 뭔가 얻기 위한 것이 아닙니다. 우리는 하나님을 사랑하기 때문에 하나님께 순종합니다. 하나님의 사랑을 깨달은 사람은 그 사랑을 깨달은 만큼 순종하게 됩니다. 또한 역으로 하나님께 순종하면서 하나님의 사랑을 더 깊이 깨닫기도 합니다.

하나님 신뢰하기와 하나님께 순종하기는 하나님과 인격적 관계를 맺는 두 가지 다른 방식이 아닙니다. 신뢰가 하나님이 누구신지를 알고 믿는 것이라면, 순종은 하나님에 대한 신뢰가 행동으로 나타나는 것입니다. 하나님에 대한 신뢰의 표시로 우리는 그분의 명령에 순종합니다. 하나님의 모든 명령은 하나님께서 그 일을 이루신다는 약속을 포함하고 있습니다. "내 명령에 순종하라"라는 말씀에는 "내가 그 명령을 이룰 것을 믿으라"라는 뜻이 담겨 있습니다. "주의 훈계로 양육하라"라는 명령에는 "내가 네 자녀를

양육하겠다"라는 약속이 들어 있는 것입니다. 그러므로 신뢰와 순종은 자전거의 두 바퀴 같은 것으로, 신뢰하기 때문에 순종하고, 순종하면서 신뢰를 배워 갑니다.

    우리는 하나님을 믿기 때문에 하나님께 순종합니다. 그러므로 순종의 반대말은 불순종이기보다 불신앙입니다. 하나님께서 불순종에 대해 엄중하게 말씀하신 이유가 여기에 있습니다. 출애굽기 16장 28절의 "어느 때까지 너희가 내 계명과 내 율법을 지키지 아니하려느냐?"라는 구절은 이렇게 바꿔 읽을 수 있습니다. "어느 때까지 너희가 나를 신뢰하지 아니하고, 나의 하나님 됨을 인정하지 아니하려느냐?" 순종과 불순종의 히브리어 뜻을 살펴보면, 불순종이 어떤 마음에서 나오는 행동인지가 분명해집니다. 순종은 '아래에 서서 듣는다'라는 뜻인데, 그에 반해 불순종은 '옆으로 흘려듣는다'라는 뜻입니다. 우리에게 가장 좋은 것을 주시는 하나님을 무시하겠다는 마음이 보이는 말입니다.

순종의 본, 예수 그리스도

신뢰와 순종을 배우는 데 가장 좋은 본이 되시는 분은 예수 그리스도이십니다. 예수님께서 하나님 아버지께 어떻게 순종하셨는지 다음의 성경 구절을 읽고 묵상해 보세요.

빌립보서 2장 7-9절

    그는 사람의 모양으로 나타나셔서, 자기를 낮추시고, _____
_____, 곧 십자가에 죽기까지 하셨습니다. 그러므로 하나님께서는 그를 지극히 높이시고, 모든 이름 위에 뛰어난 이름을 그에게 주셨습니다.

1부
2주
3일

히브리서 5장 8-9절

그는 아드님이시지만, _____

_____. 그리고 완전하게 되신 뒤에, _____ 모든 사람에게 영원한 구원의 근원이 되시고,

로마서 5장 19절

한 사람이 순종하지 않음으로 말미암아 많은 사람이 죄인으로 판정을 받았는데, _____ 많은 사람이 의인으로 판정을 받을 것입니다.

우리의 순종과 하나님의 약속

예수님께서 하나님의 뜻에 순종하심으로써, 하나님께 불순종하여 죽음과 저주의 권세 아래 신음하고 있던 우리는 구원을 받았습니다. 그래서 베드로전서 1장 14절에서는 예수님을 따르는 그리스도인들을 **"순종하는 자녀"**라고 부릅니다. 순종에 관해 가르치는 성경 구절을 좀 더 찾아보세요. 이 말씀들은 명령인 동시에 놀라운 약속입니다.

신명기 30장 6절

주 당신들의 하나님이 당신들의 마음과 당신들 자손의 마음에 할례를 베푸셔서 _____ 주실 것입니다. 그리하여 _____ 주 당신들의 하나님을 사랑하며 살 수 있게 하실 것입니다.

요한복음 14장 21절, 23절

_____ 나를 사랑하는 사람이요, 나를

사랑하는 사람은 내 아버지의 사랑을 받을 것이다. 그리고 나도 그 사람을 사랑하여, 그에게 나를 드러낼 것이다.…누구든지 나를 사랑하는 사람은 _____. 그리하면 내 아버지께서 그 사람을 사랑하실 것이요, 내 아버지와 나는 그 사람에게로 가서 그 사람과 함께 살 것이다.

오늘의 과제   하나님께 순종하기 연습

1. 주일 예배 때 들은 말씀(또는 한 주간 묵상한 성경 구절) 중에 순종하라는 말씀을 찾아서 적어 보세요.

2. 그 말씀을 통해 하나님이 어떤 분이신지를 생각해 보고 적어 보세요.

3. 그 명령에 숨겨진 하나님의 약속을 적어 보세요.

4. 그 명령에 오늘 하루 어떻게 순종할지 자신의 말로 적어 보세요.

2주. 하나님 신뢰하기와 하나님께 순종하기

1일.   좋은 엄마 되기 비법

2일.   하나님을 신뢰하는 기도 배우기

3일.   하나님을 향한 사랑의 표현

4일.   부모들에게 주시는 특별한 명령

날짜

(1부) **잠시 생각해 보기**
(2주)
(4일) 혹시 하나님을 신뢰하고 그분께 순종하는 일이 어렵게 느껴진다면, 그 이유가 무엇인지 생각해 보세요.

하나님을 신뢰하고 하나님의 뜻에 순종하는 것은 모든 그리스도인이 지녀야 할 삶의 방식이지만, 특히 엄마들은 하나님 신뢰하기와 하나님께 순종하기를 통해 자녀 양육에 엄청난 자신감을 가질 수 있습니다. 아이들이 아직 어릴 때 반복해서 이 사실을 배울 수 있고, 그런 과정에서 엄마도 아이와 함께 성장합니다. 그렇다면 엄마들이 신뢰와 순종을 구체적으로 연습하고 배울 수 있는 말씀은 무엇일까요?

모든 그리스도인에게 주신 명령

먼저, 모든 그리스도인에게 주신 계명이 있습니다.

① 하나님을 사랑하라

> **신명기 6장 5절**
>
> 당신들은 마음을 다하고 뜻을 다하고 힘을 다하여, _____ _____.

이 명령을 엄마들의 삶에 적용하면, 이렇게 바꿀 수 있습니다.

· 하나님을 알고 하나님을 사랑하는 것이 제일 중요하다.

· 하나님보다 자녀를 더 중요하게 여기지 말고, 하나님을 사랑하는 마음으로 자녀를 사랑하여라. 자녀를 중심에 두지 말고, 하나님을 중심에 모셔라.

· 주일 예배는 물론이고 일상 중에 하나님께 나아가는 시간을 소중하게 여겨라.

② 이웃을 사랑하라

마태복음 22장 39절
_____을 네 몸과 같이 _____.

· 남편을 존중하고 사랑하고 섬겨라.

· 결혼 언약을 소중히 여겨라.

· 부모를 공경하고 봉양하여라.

· 다른 사람의 것을 욕심내지 말아라. 내 자녀에게 주시지 않고, 다른 사람의 자녀에게 주신 재능을 탐하지 말아라.

(1부)
(2주)
(4일)

· 네 자녀를 하나님께서 지으신 대로 소중하게 여기고 사랑하여라.

· 이웃에게 해를 끼치지 말아라. 이웃의 아픔에 함께하고, 함께 울어라.

부모에게 주신 명령

그다음은 특히 부모들에게 주신 명령에 순종해야 합니다. 성경에는 부모들에게만 하신 말씀이 많지 않지만, 그 명령을 종합하면 두 가지로 압축할 수 있습니다. 자녀를 잘 기르려면 제일 중요한 것이니 꼭 하라고 명령하신 것입니다. 너무 많은 것을 욕심내기보다 이것만은 지키겠다는 마음으로 부모들에게 주신 가장 중요한 명령 두 가지를 기억해 보세요.

① 하나님의 말씀을 가르치고 **신앙을 전수하라**

<u>신명기 6장 6-7절</u>

내가 오늘 당신들에게 명하는 이 말씀을 마음에 새기고, 자녀에게 부지런히 가르치며, 집에 앉아 있을 때나 길을 갈 때나, 누워 있을 때나 일어나 있을 때나, _____.

신앙을 전수하는 구체적인 방법은 4부에서 연습할 것입니다. 부모들이 신앙 전수의 명령을 성실히 잘 이행할 때, 요한 사도의 고백을 함께할 수 있을 것입니다.

<u>요한3서 1장 4절</u>

내 자녀들이 _____는 소식을 듣는 것보다 더 기쁜 일이 나에게는 없습니다.

② 노엽게 하지 마라

부모가 자녀 양육에 실패하는 가장 흔한 원인은 자녀를 노엽게 만들기 때문입니다. 에베소서 6장 4절을 찾아보세요.

> 또 아버지 된 이 여러분, 여러분의 자녀를 _____, 주님의 훈련과 훈계로 _____.

골로새서 3장 21절도 찾아보세요.

> 어버이 된 여러분, 여러분의 자녀들을 _____. 그들의 _____.

"의기를 꺾는다"라는 말은 '영혼을 쭈그러뜨리다/작은 공간에 쑤셔 넣다(crush their spirits), 용기를 꺾다(discouraged), 마음을 잃게 하다(lose heart)'라는 뜻입니다. 부모가 자녀의 마음을 상하게 하거나 격분하게 만들면, 아이 마음속이 그렇게 된다는 것입니다. 바울 사도는 영적 자녀를 돌보는 자세를 언급하면서 온유한 양육자가 되는 것이 중요하다고 가르칩니다. 데살로니가전서 2장 7절을 찾아보세요.

> 그러나 우리는 여러분 가운데서, 마치 _____ _____ 처신하였습니다.

아이들도 '꼬마 죄인'이어서 이기적으로 행동할 때가 많습니다. 그러나 아이가 계속해서 의기소침하거나 자주 짜증이나 화를 낼 때, 단순히 버릇없다고 생각하지 말고 아이의 내면을 잘 살펴봐야 합니다. 아이들이

(1부) 특히 마음이 상하는 때는
(2주)

(4일) 1) 엄마가 다른 아이를 편애하거나 자신과 다른 아이를 비교할 때
2) 엄마 자신의 화를 이기지 못하고 아이에게 전가할 때
3) 엄마의 생각만 강요하고 아이 말에 귀 기울이지 않을 때
4) 아이가 잘하는 것은 칭찬하지 않고 잘못하는 것만 꾸짖을 때입니다.

많은 엄마들이 하나님께 순종하기보다 세상의 수많은 육아 방법론과 성공한 엄마들의 말을 열심히 듣고 따라 합니다. 세상의 소리를 따르기 전에 먼저 청종해야 할 분이 계십니다. 엄마가 하나님 뜻에 순종하면 그 자녀가 바로 영향을 받는다는 사실을 기억해 주세요.

오늘의 과제

순종 연습하기

1. 하나님께서 부모에게 주신 중요한 명령 두 가지 중에서 좀 더 깊이 묵상하고 다짐해야 할 한 가지를 찾아보세요. 그리고 그 명령에 순종할 방법을 구체적으로 생각해 보고 적어 보세요.

2. 지난 한 주간 아이가 기가 꺾인 듯한 모습을 보인 적 있는지 돌아보고, 하나님께 지혜를 구하며 그 이유를 생각해 보세요.

2부. 지으신 대로 살기

3주. 나는 누구인가

4주. 자기 사랑

| 3주. | 나는 누구인가 |

1일.	엄마의 자기 정체성 찾기
2일.	그리스도 안에서 새로운 존재 1
3일.	그리스도 안에서 새로운 존재 2
4일.	깊어가는 새로운 정체성

날짜

2부 **잠시 생각해 보기**

3주

1일 '당신은 누구입니까?'라는 질문을 받으면 어떤 생각이 드나요?

자아 탐구를 시작하는 사춘기

'나는 누구인가?'에 대한 탐구는 사춘기에 시작됩니다. 어릴 적에는 부모가 말하는 대로 따르지만, 사춘기가 되면 이전까지 당연하게 받아들이던 것에 대해 질문하기 시작합니다. 한없이 '착했던' 아이도 10대가 되면 반항적 모습을 보입니다. 그러나 부모가 하는 말을 그대로 받아들이지 않고, 자기 삶에 대해 스스로 질문한다는 것은 아이가 건강하게 자라고 있다는 증거입니다. 기독교 가정에서 자란 아이들이 이 시기에 회심하는 것도 그런 탐구 과정의 결과입니다. 그러므로 사춘기 자녀가 "왜요? 싫어요. 아니에요"라고 말하는 것은 잘 자라고 있다는 표식이니 부모는 오히려 기뻐해야 합니다. 탐색의 시기를 지나면서 청소년들은 자신이 어떤 사람인지에 대한 느낌과 생각을 찾아 갑니다. 그리고 사춘기 때 자기 정체성을 잘 정립한 청소년이 이후 성인기의 삶을 잘 헤쳐 나갈 수 있습니다.

다시 나를 찾아가는 여정

그렇다고 사춘기 때 형성된 정체성이 변하지 않는 것은 아닙니다. 모든 사람은 전 생애에 걸쳐 정체성이 변화하고 발전하는데, 특히 인생의 큰 변화를 겪을 때 자신의 정체성을 해체하고 재정립하는 과정을 거칩니다. 한 여성이 아이를 낳고 기르는 과정 또한 그런 경우에 해당합니다.

아이를 낳은 엄마들은 자기 정체성에 관한 질문을 다시 하게 됩니다. 아이를 돌보느라 시간과 에너지를 다 소진하고 밤이 되면 기진맥진한 상태에서 이런 질문을 합니다. '내 삶에 무슨 의미가 있나?' 특히 전업주부는 이런 생각을 더 진지하게 하게 되지요. '남편은 자기 인생을 열심히 사는 것 같은데, 나는 내가 없어진 것 같아. 나는 뭘 하고 싶은 걸까? 나도 예전에는 잘하는 게 있었는데…' 어떤 엄마는 의식적으로 이런 질문을 하고, 어떤 엄마는 의식하지 못한 채 자기 삶에서 무언가 중요한 것을 잃어버린 듯한 느낌을 받습니다. 어느 경우든 정체성의 혼란과 위기를 반영합니다. '나는 누구인가?'라는 질문의 답은 가까운 사람들과의 관계 속에서 자신만의 독특한 개별성을 확인할 때 내놓을 수 있는데, 아이를 낳고 나서 새로운 역할과 새로운 관계가 생겼으니, 자기 존재에 대해 새로운 질문이 떠오르는 것은 불가피한 일이겠지요.

방금 언급했듯이 나를 찾아가는 여정의 두 가지 핵심 요소는 '관계성'과 '개별성'입니다. 이 두 가지를 조화롭게 통합할 수 있을 때 자기 존재의 의미를 찾을 수 있습니다. '관계성'은 주변 사람들과 정체성을 공유하면서, 그 관계 속에서 주어집니다. 즉 하나님의 자녀, 그리스도인, 예수 그리스도 따르는 이, 엄마, 아내 같은 정체성을 말합니다. 반면 '개별성'은 나 자신에게만 독립적으로 주어진 것입니다. 나의 외모, 성격, 특징, 장점 등은 타인과는 다른, 나 자신만이 가진 개별적 정체성입니다.

만족할 만한 삶이 되려면 정체성의 이 두 요소가 조화롭게 통합되어야 하는데, 대개는 둘 중 하나를 희생하고 다른 하나만 중요하게 여기기 쉽습니다. 아이를 낳은 후 어떤 여성들은 엄마 역할보다 자신의 개인적

2부
3주
1일

정체성과 성취에 더 큰 의미를 부여하며 살아갑니다. 그러나 또 다른 많은 엄마는 아이에게 과도하게 애착하며, 자신만의 개별성을 잃어버린 채 살아갑니다. 다른 이유도 있겠지만, 어린 자녀를 기르는 엄마들이 우울감과 무기력감에 빠지는 이유는 이 때문인 경우가 많습니다.

'나는 누구인가?'라는 질문은 모든 사람이 평생 답을 찾는 가장 중요한 질문 중 하나입니다. 자신이 누구라고 생각하는지에 따라 느낌이 달라지고, 행동이 달라지고, 선택도 달라지므로, 그 결과 삶이 달라집니다. 그리고 삶이 달라지는 만큼 다시 정체성도 변화하겠지요. 그래서 누군가는 "인간의 모든 활동은 정체성을 찾아가는 과정이다"라고 말합니다.

그리스도인들이 정체성을 찾는 방법

정체성에 관한 여러 이론이 있지만, 그리스도인들이 자기 정체성을 찾는 방법은 조금 달라야 합니다. 그리스도인의 정체성은 스스로 찾아서 만들어 가는 것이 아니라, 하나님에게서 주어지며, 우리는 그것을 믿음으로 받아들입니다. 하나님 나라 복음을 믿을 때 우리에게는 새로운 정체성이 주어집니다. 예수 그리스도 안에서 거저 주어지며, 우리는 그것을 믿음으로 받아들입니다.

앞서 말했듯이 정체성은 먼저 관계를 통해 드러나므로, 나를 들여다보고 찾는다고 해서 찾아지는 것이 아닙니다. 엄마라는 정체성이 아이와의 관계로 인해 주어졌듯이, 그리스도인의 정체성은 하나님과의 관계에서 옵니다. 그리고 하나님과의 관계에서 주어지는 정체성은 모든 그리스도인에게 거저 주신 것이므로 다른 그리스도인들과 공유하는 것이기도 합니다.

자기 정체성을 찾아가는 여정은 여기서 출발해야 합니다. 그리고 관계성에 기초한 정체성을 공유하면서, 그 안에서 자신만의 독특한 부르심과 개별성을 경험하고 발견할 때, 정체성을 확립했다고 말할 수 있습니다. 아이를 기르면서 자신을 잃어버리는 듯한 느낌을 받지 않을 수 있는 비결은 여기에 있습니다. 소속하고 싶고 동일시하기를 원하는 공동체 안에서 정체성을 공유하며, 자신만의 독특한 삶을 살아낼 때, 비로소 충만한 삶을 살 수 있습니다. 어떻게 하면 그런 삶을 살아낼 수 있을지, 이어지는 《엄마 먼저》의 시간을 통해 구체적으로 그 방법을 알아가 보려고 합니다.

오늘의 과제 '당신은 누구입니까?'라는 질문에 대해 생각나는 대로 답을 적어 보세요.

3주. 나는 누구인가

1일. 엄마의 자기 정체성 찾기

2일. 그리스도 안에서 새로운 존재 1

3일. 그리스도 안에서 새로운 존재 2

4일. 깊어가는 새로운 정체성

날짜

2부 **잠시 생각해 보기**

3주
2일 어제 과제를 다시 읽어 보고, '내가 누구인가?'라는 질문의 답을 어디에서 찾았는지 생각해 보세요.

자기 정체성의 기본값

건강한 정체성을 찾으려면 '우리는 누구인가'에서 시작해야 합니다. 그리스도인의 정체성은 하나님께서 만드신 것이며, 하나님께서 만드신 공동체 안에서 찾을 수 있습니다. 그리스도인 공동체가 공유하는 정체성에 대해 성경은 이렇게 말합니다.

① 하나님의 피조물
우리가 누구인지 설명해 주는 첫 번째 키워드는 '하나님의 피조물'입니다. 창세기 1장 26-27절을 읽어 보세요.

> 하나님이 말씀하시기를 "우리가 _____
> _____ 사람을 만들자. 그리고 그가, 바다의 고기와 공중의 새와 땅
> 위에 사는 온갖 들짐승과 땅 위를 기어다니는 모든 길짐승을 다스리게
> 하자" 하시고, 하나님이 당신의 형상대로 사람을 창조하셨으니, 곧
> _____ 사람을 창조하셨다. _____ 그들을 남자와

여자로 _____.

우리는 하나님의 형상을 따라, 하나님의 모양대로 지어진 사람들입니다. 하나님의 형상을 따라 지어졌기 때문에 우리는 하나님과 특별한 관계를 맺을 수 있었습니다. 남자든 여자든 우리를 존재하게 한 가장 핵심적인 바탕은 바로 이것입니다. 우리는 '**하나님의 형상대로 창조된 사람**'입니다.

② 죄로 인해 망가진 존재
하나님의 형상대로 지어졌음에도 우리 자아상이 온전하지 못한 이유는 죄 때문입니다. 죄의 영향력은 우리 각 사람의 내면 구석구석까지 매우 치밀하게 침투해 들어와 있습니다. 이를 부정하거나 가벼이 여겨서는 안 됩니다. 하나님을 부정하고, 하나님보다 우리 자신을 중심에 두게 만든 죄는 결국 우리 자아상을 왜곡하고 부정적으로 만듭니다. 그로 인해 많은 사람이 진짜 자신이 누구인지 알지 못하고, 세상이 만든 가짜 모습을 자신이라고 여기며 살아갑니다.

③ 회복된 존재
하나님께서는 죄로 인해 죽음의 고통에 빠진 우리를 위해 메시아이신 예수를 보내셔서 하나님을 알려 주시고, 우리의 죄를 대신해 죽게 하십니다. 십자가에서 죽으시고 부활하셔서 하나님 나라를 시작하신 예수님을 주님으로 받아들일 때, 하나님은 우리를 완전히 용납하십니다. 하나님과의 관계가 회복되었기 때문에 우리는 완전히 변화된 존재가 됩니다. 그뿐만 아니라, 하나님과의 관계가 회복된 우리는 혈연 가족을 넘어서 신앙 공동체로 함께 살아가는 교회에 속하게 됩니다. 이 모두가 예수 그리스도 안에서 이루어진 일입니다! 하나님께서 예수 그리스도 안에서 우리를 위해

2부
3주
2일

이루어 주신 일을 《풍성한 삶의 기초》에서는 다음처럼 소개합니다.

> 하나님이 그리스도 안에서 나를 받아들이셨다.
> 나는 그리스도 안에서 특별한 존재다.
> 나는 그리스도 안에서 새로운 가족 공동체에 속했다.

그리스도 안에서 하나님께서 이루신 일을 믿음으로 받아들일 때, 하나님께서는 우리 각자의 존재를 변화시키십니다. 이 놀라운 변화는 우리 모두에게 동일하게 임합니다. 이보다 더 나은 사람도 없고, 여기에 미치지 못하거나 모자라는 사람도 없습니다. 우리는 모두 동일한 존재의 의미를 부여받습니다. 우리가 회복된 존재가 된 것은 오직 예수 그리스도께서 하신 일 때문입니다.

그리스도인의 정체성 찾기

이제부터 성경에 나오는 여러 구절에서 우리가 어떤 존재가 되었는지, 우리 정체성이 무엇인지 좀 더 상세하게 찾아보려고 합니다. 하나님의 말씀은 영원히 지속되고 어떤 상황에서도 유효한 하나님의 약속입니다. 우리 모두에게 이미 이루어진 사건이며, 우리가 일생을 걸쳐 지속적으로 알아가야 하는 엄청난 사실입니다. 먼저 성경 구절을 읽은 후, 그 아래 '나는 _____ _____ 입니다'라고 적어 보세요.

① 죄를 용서받은 자, 구원받은 자
무엇보다 우리는 죄를 용서받은 사람들이며, 그로 인해 죽음에서 생명으로 옮겨진 사람들입니다. 에베소서 1장 7절을 찾아보세요.

우리는 이 아들 안에서 하나님의 풍성한 은혜를 따라 그의 피로 ____
_____ 되었습니다.

로마서 8:1-2

그러므로 그리스도 예수 안에 있는 사람들은 _____
_____. 그것은, 그리스도 예수 안에서 생명을 누리게 하는 ___
_____ 하여 주었기 때문입니다.

'나는 _____ 입니다.'

끊임없이 우리 자아상을 망가뜨리는 요인 중 하나는 죄책감입니다. 마음속에 늘 자신이 부족하다는 느낌이 있고, 하나님이 내 잘못을 책망하고 꾸짖으신다는 느낌을 받습니까? 특히 아이에게 소리 지르고 화를 낸 후, 또는 남편과 싸운 후 그런 느낌이 더 강하게 들지 않나요? 이것은 자기 정체성과 관련된 정말 중요한 질문입니다. 죄책감이나 자기 혐오감에 자주 빠진다면, 하나님의 시각으로 자신을 보지 않는 것입니다. 우리는 예수 그리스도의 대속적 죽음으로 인해, 예수 그리스도 안에서 죄에서 완전히 해방된 사람들입니다. 우리는 '죄 없다, 의롭다'라는 선언을 들은 사람이며, 하나님 보시기에 의인입니다. 로마서 8장 33-34절을 찾아보세요.

하나님께서 택하신 사람들을, 누가 감히 고발하겠습니까?
_____은 하나님이신데, 누가 감히 그들을 정죄하겠습니까?

'나는 _____ 입니다.'

② 새로운 피조물

그리스도께서 우리를 위해 하신 일은 단지 죄를 없애 주시는 것만이 아니었습니다. 우리는 그리스도로 인해 하나님 보시기에 전혀 새로운 존재가 되었습니다.

고린도후서 5장 17절

_____, 그는 _____ 입니다. 옛 것은 지나갔습니다. 보십시오, ____ 이 되었습니다.

'나는 _____ 입니다.'

③ 새로운 신분

성경은 하나님이 누구신지 알려 주고, 또 하나님 보시기에 우리가 누구인지 알려 줍니다. 특히 신약성경은 우리가 그리스도 안에서 어떤 존재로 바뀌었는지 매우 다양한 말씀으로 알려 줍니다. 그 놀라운 말씀 중 한두 구절만 분명하게 받아들여도 우리 삶은 바뀔 수밖에 없습니다. 계속해서 말씀을 찾아보세요.

요한1서 3장 1-2절

아버지께서 우리에게 얼마나 큰 사랑을 베푸셨는지를 생각해 보십시오. 하나님께서 우리를 _____ 라 일컬어 주셨으니 우리는 _____ 입니다.···사랑하는 여러분, 이제 우리는 _____ _____.

로마서 8장 17절

_____ 합니다. 우리가 그리스도와 함께 영광을
받으려고 그와 함께 고난을 받으면, 우리는 하나님이 정하신 상속자요,
_____입니다.

베드로전서 2장 9절

그러나 여러분은 _____이요, _____
_____들이요, _____이요, _____입니다.
그래서 여러분을 어둠에서 불러내어 자기의 놀라운 빛 가운데로
인도하신 분의 업적을, 여러분이 선포하는 것입니다.

위의 구절들을 토대로, 하나님 아버지 보시기에 우리가 어떤 사람인지 적어
보세요.

'나는 _____입니다.'
'나는 _____입니다.'
'나는 _____, _____, _____, _____입니다.'

오늘의 과제

1. 우리 정체성을 확인하고, 그런 존재로 변화시켜 주신 예수 그리스도께 감사의 기도를 드립시다. 앞서 적은 정체성 선언문 중에 특히 마음에 감동이 되는 것을 적은 후, 묵상하고 감사를 드려 보세요.

나는 _____ 입니다.

2. 하루를 보내면서, 이번 과에서 발견한 '나는 _____ 입니다'를 가능한 여러 번 되뇌어 보십시오.

3주. 나는 누구인가

1일. 엄마의 자기 정체성 찾기

2일. 그리스도 안에서 새로운 존재 1

3일. 그리스도 안에서 새로운 존재 2

4일. 깊어가는 새로운 정체성

날짜

2부 · 3주 · 3일 잠시 생각해 보기

하나님의 말씀 안에서 '나는 누구인가'를 찾아 기록할 때 어떤 느낌이 들었는지 생각해 보고 적어 보세요.

어제에 이어서 우리가 누구인지, 그러므로 내가 누구인지를 하나님의 말씀에서 찾아보겠습니다.

④ 새로운 존재

에베소서 5장 8절

여러분이 전에는 어둠이었으나, 지금은 주님 안에서 ___ 입니다. _____ 답게 사십시오.

고린도전서 6장 19-20절

여러분의 몸은 여러분 안에 계신 _____ 이라는 것을 알지 못합니까? 여러분은 성령을 하나님으로부터 받아서 모시고 있습니다. 여러분은 여러분 자신의 것이 아닙니다. 여러분은 하나님께서 값을 치르고 사들인 사람입니다.

에베소서 2장 10절

우리는 _____ 입니다. 선한 일을 하게 하시려고, 하나님께서 그리스도 예수 안에서 우리를 만드셨습니다. 하나님께서 이렇게 미리 준비하신 것은, 우리가 _____ 입니다.

나는 _____ 입니다.
나는 _____ 입니다.
나는 _____ 입니다.

⑤ 신분에 걸맞은 축복

하나님께서는 우리 신분을 바꿔 주시고, 또한 그 신분에 걸맞은 복과 약속을 주셨습니다. 가장 큰 복은 우리에게 성령 하나님을 보내 주셨다는 것입니다.

요한복음 14장 16절

내가 아버지께 구하겠다. 그리하면 아버지께서 _____ _____ 이다.

에베소서 2장 21-22절

그리스도 안에서 건물 전체가 서로 연결되어서, 주님 안에서 자라서 성전이 됩니다. 그리스도 안에서 여러분도 _____ _____ 가 됩니다.

에베소서 2장 6절

하나님께서 그리스도 예수 안에서 우리를 그분과 함께 살리시고,

2부
3주
3일

"하늘"이라는 말은 우주적 공간이 아니라 하나님의 임재를 의미합니다. 지금 우리가 있는 곳이 '하나님께서 계신 곳'이라는 말씀입니다. 나는 어떤 존재입니까?

나는 _____ 께서 영원히 함께하는 사람입니다.
나는 _____ 입니다.
나는 _____ 입니다.

⑥ 새 마음으로 살아가는 자

신분이 변화한 만큼 우리의 마음 상태 또한 변화합니다. 이전에는 불안과 불평과 불만족이 일상인 삶이었다면, 이제는 하나님 안에서 바뀐 정체성으로 인해 기뻐하고 감사하며, 또 평화를 누리며 살아갈 수 있습니다.

골로새서 3장 15절

그리스도의 평화가 여러분의 마음을 지배하게 하십시오. 이 _____ 여러분은 부르심을 받아 한 몸이 되었습니다. 또 여러분은 _____ 이 되십시오.

빌립보서 4장 4절

주님 안에서 항상 _____. 다시 말합니다. _____.

나는 _____ 입니다.
나는 _____ 입니다.

오늘의 과제

1. 자신의 정체성을 확인하고, 그런 존재로 변화시켜 주신 예수 그리스도께 감사의 기도를 드립시다. 앞서 적은 정체성 선언문 중에 특히 마음에 감동이 되는 것을 적은 후, 묵상하고 감사를 드려 보세요.

나는 _____ 입니다.

2. 하루를 보내면서, 이번 과에서 발견한
'나는 _____ 입니다'를
가능한 여러 번 되뇌어 보십시오.

3주.   나는 누구인가

1일.   엄마의 자기 정체성 찾기

2일.   그리스도 안에서 새로운 존재 1

3일.   그리스도 안에서 새로운 존재 2

4일.   깊어가는 새로운 정체성

날짜

2부 **잠시 생각해 보기**

3주 "너를 믿고, 네가 원하는 대로 살아." "너는 그저 그런 사람이야."

4일 그리스도인의 나 됨과 이런 말들이 어떻게 다르고, 왜 다른지 생각해 보세요.

정체성 다지기

하나님께서 예수 그리스도 안에서, 예수 그리스도를 통해서 이루신 일을 믿음으로 받아들이기만 하면, 누구나 탁월한 자아상을 지닐 수 있습니다. 앞서 우리는 우리의 정체성을 알려 주는 성경 구절들을 찾아보면서 '나는 이런 사람입니다'라고 적었습니다. 우리의 놀라운 정체성을 찾아보고 적어 보는 것만으로도 마음이 밝아지지 않았나요.

그런데 세상은 이렇게 말합니다. "너는 네가 바라는 대로 어떤 존재도 될 수 있어. 너는 너 자신의 것이야. 너를 믿고, 네가 살고 싶은 대로 살아." 또는 이렇게 말하기도 합니다. "다른 사람들을 봐. 너는 아무것도 아니야. 너는 그저 그런 별 볼 일 없는 사람이야." 그러나 하나님은 말씀하십니다. "내가 너를 지었고, 내가 나의 아들 예수 그리스도 안에서 너의 모든 죄를 용서했고, 내가 너를 의롭다고 선언했다. 네가 누구인지 내가 알려 줄 것이다. 내가 너를 죽음에서 생명으로, 어둠에서 빛으로, 저주에서 축복으로 옮겼다. 너는 이제 내 나라 백성이며, 나의 자녀다."

하나님께서 이렇게 놀라운 말씀을 하셨음에도 불구하고, 많은 그리스도인이 내가 누구인지 잘 모르겠다거나, 자신에 대해 부정적 느낌을 지니고 있습니다. 그 이유가 무엇일까요? 무엇보다 하나님께서 하신 일을 적극적으로 믿지 않기 때문입니다. 우리가 앞서 찾아 적었던 사실들은 너무나 엄청나서 한두 번 들어서는 자기 정체성이 되지 않습니다. 그 정체성이 자신의 대답이자 일관성 있는 확신이 되도록 계속해서 확인하고 배워야 합니다. 믿음은 단번에 받아들이는 것이기도 하지만, 평생에 걸쳐 확인하는 것이기 때문입니다.

이제 하나님께서 만들어 주신 정체성을 믿음으로 자기 것으로 삼기 위한 구체적인 방법을 찾아보겠습니다. 믿음은 전인격적입니다. 우리는 생각과 마음과 행동으로 믿습니다. 여러 방법 중에서 자신에게 효과적인 방법을 찾아서 꾸준히 그 방법대로 훈련해 보세요.

① **생각**하며 되뇌기

잘못된 생각은 바른 생각으로 바로잡을 수 있습니다. 우리 내면은 자신도 알지 못하는 사이에 잘못된 정체성을 끊임없이 되뇌고 있습니다. 그래서 스스로 부족하고 잘못된 사람이라고 여기기도 합니다. 잘못된 정체성은 그에 대항하는 말씀을 계속 되뇌면서 바로잡을 수 있고, 그러면서 성경적 정체성을 동시에 형성해 갈 수 있습니다.

그러나 여러 정체성을 한 번에 다 배울 수는 없습니다. 이번 주에 찾았던 정체성 중에 성령께서 마음에 감동을 주신 구절을 적고, 그 구절을 자주 입으로 되뇌세요. "나는 _____ 입니다"라고 적은 카드를 만드는 것도 좋습니다. 예를 들면, "나는 하나님의 딸입니다"라는 문구를 적고, 그 구절이 마음에 차오를 때까지 한 주든 한 달이든 계속해서 되뇌세요. "하나님께서 나를 그리스도 안에서 의롭다고 하셨습니다", "나는 그리스도 안에서 흠이 없이 아름다운 사람입니다" 같은 구절도 좋습니다. 아이들과

2부
3주
4일

함께 있을 때, 아이들에게 소리 내서 외치는 것도 좋은 방법입니다. 어떤 엄마는 아침마다 개구쟁이 아들 둘에게 "하나님께서 예수님 안에서 엄마를 받으셨대"라고 소리 질렀다고 합니다.

② **감정**으로 누리기
하나님께서 주신 정체성이 진정으로 믿어질 때 우리는 놀라운 기쁨과 평안을 느끼게 됩니다. "나는 하나님의 딸입니다"라고 말할 때, 마음에 환한 빛이 켜지는 것 같지 않나요? 또 누군가는 희망, 감동, 든든함, 자신감이 생기기도 하지요. 이는 그 말씀이 진리이기 때문이며, 진짜 내가 누구인지 알려 주는 말이기 때문입니다.

내게 주어진 정체성을 기록하고 되뇔 때 내면에 어떤 마음이 드는지 살펴보세요. 그리고 그 감정에 이름을 붙이고, 그 느낌을 마음껏 누리세요. 믿음은 감정을 배제하지 않습니다. 믿음은 전인격적입니다. 하나님의 진리를 진심으로 믿을 때 내가 경험하는 감정은 축복이며, 믿음을 더욱 깊어지게 하는 데 유익합니다. 그 느낌을 마음껏 누리면서 감격하세요. 그리고 그런 놀라운 신분으로 변화시켜 주신 예수 그리스도와 하나님 아버지께 감사를 드리세요.

③ 정체성을 따라 **행동**하기
마지막으로, 새로운 정체성에 어울리는 행동을 하면 그 정체성은 더욱 분명해집니다. "나는 하나님의 딸이다"라고 되뇌면서, 하나님의 딸답게 행동해 보세요. 어떻게 하는 것이 하나님의 딸답게 행동하는 것일까요? 가슴을 쫙 펴고, 하늘을 우러러보고, 기쁘고 감사한 표정을 지어 보는 것도 좋습니다. 또는 "나는 그리스도 안에서 하나님 아버지로부터 무조건적 사랑을 받는 사람이다"라고 고백했다면, 하나님께 사랑받는 자답게

행동해 보세요. 그렇게 행동하는 것 또한 믿음의 고백입니다. 여전히 집은 어지럽고, 육아하는 힘든 상황은 변하지 않아서 짜증도 나고 힘에 부치지만, 내가 하나님께 사랑받는 사람이라는 사실은 그 무엇과도 바꿀 수 없는 진리입니다. 그러므로 그 진리를 행동으로 드러내 보세요. 하나님의 딸답게 표정 짓기, 하나님의 사랑을 받는 사람처럼 아이에게 부드럽게 말하기, 성령께서 계시는 성전다운 자세로 걷기 등 여러 가지가 있습니다. 믿음은 하나님께서 하신 일을 생각하는 것만이 아니라, 그 진리를 느끼고 누리고 행동하는 것까지를 포함하며, 전인격으로 고백하는 것입니다.

④ 글쓰기

그리스도 안에서 우리에게 주어진 정체성을 내 것으로 만드는 좋은 방법이 한 가지 더 있습니다. 그 정체성을 글로 적어 보는 것입니다. 글쓰기는 중요한 영적 훈련 방법 중 하나입니다. 이 과의 마지막 쪽을 비워 두었습니다. 거기에 나의 정체성에 관하여 성경에서 찾은 구절들을 기록해 보세요. 그리고 성경적 정체성을 적어 내려가다가 마음에 감사나 기쁨이 느껴진다면 그것도 함께 적어 보세요.

> "나는 하나님의 딸입니다. 나는 아버지 하나님의 품 안에서 평안을 누립니다."
> "나는 그리스도 안에서 용서받은 사람입니다. 감사하고 감사합니다."
> "하나님께서 나를 사랑하십니다. 나는 사랑받고 있습니다."
> "그리스도의 빛이 내게 비추어졌습니다. 나는 어둠이 아니라 빛입니다."

요즘 많이 지쳐 있거나 하나님과 멀어져 있다면, 이런 놀라운 말을 적으면서도 그 말이 믿어지지 않고 오히려 불편한 감정이 올라올

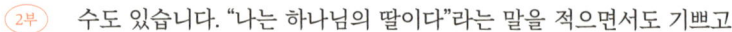 

수도 있습니다. "나는 하나님의 딸이다"라는 말을 적으면서도 기쁘고 감사하기는커녕, 하나님께서 내게 무관심하시거나 화가 나 있다고 느낄 수 있습니다. 그런 마음이 든다면 그런 생각이나 느낌까지 정직하게 적어 내려가 보세요. 그리고 하나님께 불편한 느낌을 고백하고, 진정한 정체성을 믿음으로 받아들이고 누릴 수 있게 해 달라고 기도를 드려 보세요.

    믿음은 들음에서 나고, 입으로 고백하여 구원에 이른다는 말씀을 기억하시나요? 내가 누구인지 알려 주는 성경 말씀들을 입으로 말하고, 손으로 적어 보세요. 그렇게 할 때 내가 누구인지 잘못 알려주는 거짓된 생각이 뿌리 뽑히고, 진정한 믿음이 내 안에 새롭게 뿌리내리게 됩니다.

오늘의 과제 다음 쪽 빈 면에 내가 누구인지 기록해 보세요. 성경에서 찾은 구절과 내 생각과 느낌을 직접 적어 보세요. 적을 수 있는 만큼 계속 적어 나가세요. 종이가 더 필요하다면 '나는 누구인가'라는 노트를 따로 마련해도 좋습니다. 컴퓨터로 글쓰는 게 더 익숙한 사람은 '나는 누구인가'라는 파일을 따로 만들어도 좋습니다.

나는 누구인가?

4주. 자기 사랑

1일. 나의 고유한 정체성

2일. 고통과 비극 재해석하기

3일. 여성성과 엄마 되기

4일. 온전해지는 자기 사랑

날짜

(2부) **잠시 생각해 보기**
(4주) "자기 자신을 사랑해야 합니다"라는 말을 들으면 어떤 생각이 드나요?
(1일)

그리스도인의 정체성은 스스로 발견하는 것이 아니라, 믿는 것입니다. 하나님께서 그리스도 안에서 만들어 주신 그대로를 믿음으로 받아들이는 것입니다. 지난주에 기록한 '나는 누구인가'를 다시 꺼내 보세요. 무엇이라고 적었나요? "나는 하나님의 피조물이고, 그리스도 안에서 모든 죄를 용서받은 자이며, 흠 없이 아름다운 존재이며, 그리스도와 함께 영원한 나라를 상속받은 자입니다. 나는 하나님 아버지께 무조건적 사랑을 받는 하나님의 딸입니다. 또한 나는 그리스도를 닮아 가는 자이며, 다른 성도들과 함께 그리스도의 몸으로 세워져 가는 사람입니다."

우리 각자를 고유한 존재로 만드신 하나님

'나는 누구인가?'라는 질문의 답은 모든 그리스도인이 공유하는 정체성에서 출발합니다. 보편적이면서 공동체적인 정체성을 기초로, 자신에게만 주어진 개인적이고 고유한 정체성을 찾아내 살아갈 때, 자기 정체성을 확립했다고 말할 수 있습니다. 지난주에는 공동체적 정체성을 찾아보았다면, 이번 주에는 개인적으로 구별되는 정체성에 대해 생각하고 정리해 보려고 합니다. 우선 하나님께서 우리 각 사람을 다르게 만드셨다는 성경 구절을 찾아보세요.

시편 139편 13-14절
　　　주님께서 내 장기를 창조하시고, 내 모태에서 나를 ＿＿＿
＿＿＿＿＿. 내가 이렇게 ＿＿＿＿이 오묘하고 ＿＿＿＿＿ 일이
놀라워, 이 모든 일로 내가 주님께 감사를 드립니다. 내 영혼은 이
사실을 너무도 잘 압니다.

고린도전서 12장 4-6절
　　　은사는 ＿＿＿＿＿, 그것을 주시는 분은 같은 성령이십니다.
섬기는 일은 ＿＿＿＿＿, 섬김을 받으시는 분은 같은 주님이십니다.
일의 성과는 ＿＿＿＿＿, 모든 사람에게서 모든 일을 하시는 분은
같은 하나님이십니다.

하나님께서는 우리 각 사람을 독특한 모양으로 빚으시고, 다양한 재능과
은사를 주셨습니다. 그리고 우리 각자에게 주신 독특한 개성은 삶의
여러 상황 가운데서 구체적으로, 그리고 실제적으로 실현됩니다. 그래서
우리는 자신을 다른 사람들과 구별된 사람으로 인식하고, '나는 이런
사람입니다'라고 말할 수 있습니다. 나 자신만이 살아낼 수 있는 특별한
개성을 알려면, 자신의 삶을 돌아보면서 그것이 무엇인지 찾아보아야 합니다.

나의 고유한 특징 찾기
자신이 어떤 사람인지 말할 때 사람들이 기준 삼아 이야기하는 것들이
있습니다. 가족이나 성장 배경, 직업, 지위, 업적이나 성취, 신체적 특징
같은 것들입니다. 이런 것들은 잘못 해석하면 교만이나 열등감의 근원이 될

수 있지만, 하나님께서 내게 주신 것으로 해석할 수 있다면 나만의 고유한 정체성을 이루는 것이라고 받아들일 수 있습니다.

① 성장 배경
우리는 각기 다른 부모 밑에서, 다른 환경에서 자랐습니다. 성장 배경은 독특한 가치관과 인생관을 형성하게 합니다. 그뿐 아니라 각 사람의 정체성 형성에 중요한 역할을 합니다. 예전에는 양반이나 노비라는 신분으로 정체성을 나누었다면, 지금은 금수저나 흙수저 같은 말로 각자의 정체성을 표현합니다. 부모의 신분이나 재정 능력이 여전히 개인의 정체성을 확립하는 데 중요한 역할을 하고 있습니다.

그리스도인도 성장 배경을 통해 자기 정체성을 정리할 수 있습니다. 그러나 세속 사회와는 다른 기준으로 그렇게 할 수 있습니다. 어떤 부모님과 가족 관계 안에서 자랐습니까? 그래서 어떤 사람이라고 말할 수 있습니까? 예를 들면, 4대째 기독교 집안에 태어난 사람은 이렇게 말할 수 있습니다.

> "신앙생활을 잘 못 해서 모태신앙이라고 말하기도 하지만, 내가 모태 신앙자로 태어난 것이 감사합니다. 부모님은 내게 하나님을 알려 주셨고, 성경을 사랑하도록 가르쳐 주셨습니다. 나는 어릴 적부터 하나님을 믿고, 성경을 사랑하는 사람입니다."

② 성격과 재능
우리는 하나님께서 부여해 주신 독특한 외모와 성격과 재능을 가지고 태어납니다. 타고난 개성들로 나와 다른 사람은 구별되며, 그 개성들은 내가 누구인지를 알게 하는 구체적인 정보를 제공합니다. "하나님은 우리의 성격을 창조하시는 데 세심하게 섭리하신다. 내가 어떤 특정한 방향을

향해 가도록 동기를 부여하는 수단으로 내 성향과 기호들을 내 속에 넣어 주셨다"라고 블레인 스미스 목사는 말했습니다. 앞에서 찾아 읽었던 "내가 이렇게 빚어진 것이 오묘하고"(시편 139:13)라는 말씀을 풀어 쓴 내용으로 보입니다.

    다른 사람과 비교하지 말고, 하나님께서 자신을 어떤 사람으로 만드셨는지 찾아보세요. 자신의 성격 특성은 무엇이며, 어떤 일을 좋아하고, 또 어떤 일에 재능을 타고났습니까? 에너지가 밖으로 향하고 활동적인 성격입니까? 신중하고 깊이 생각하는 성격입니까? 성실하고 안정적인 것을 추구합니까? 변화와 혁신이 더 중요합니까? 설득력 있게 말을 잘하거나, 논리력과 통찰력이 뛰어납니까? 다른 사람의 아픔에 공감하는 능력이 뛰어납니까? 좋은 목소리를 가졌습니까? 신체 운동 지능이 좋습니까? 수리는 약하지만, 관계 지능은 높습니까? 사람들 앞에 나서는 것은 꺼리지만, 약한 이들을 품는 긍휼함이 탁월합니까?

③ 직업/직장/직위
사람들은 보통 정체성을 직업이나 (공적으로) 하고 있는 일이라고 생각합니다. 그래서 "당신은 누구입니까?"라고 물으면, "그냥 직장인이지요", "저는 초등학교 선생님입니다" 또는 "의사입니다"라고 대답합니다. 그래서 직장에 다니지 않는 엄마들에게 "당신은 누구입니까?"라고 물어보면 대답을 잘하지 못하거나, '아, 나는 아무것도 아니구나' 하는 상실감을 느끼기도 합니다.

    직위나 직장이 있는 일뿐 아니라, 자신이 하는 일로써 자신을 누구라고 말할 수 있는지 생각해 보세요. 주 52시간 월급을 받고 하는 일이 아니어도, 가족과 이웃과 사회에 유익한 노동을 하고 있다면 자기 정체성의 일부입니다. 이 질문과 관련해서는 9주와 10주 차에 자세히 다루겠지만, 지금 잠시 자신의 삶을 돌아보세요.

오늘의 과제

1. 태어나서 자란 가족과 성장 배경을 돌아보고, 자신을 어떤 사람이라고 말할 수 있는지 적어 보세요.

2. 자신의 성격이나 재능 중에서 독특한 개성을 꼼꼼하게 찾아보고 적어 보세요. 그리고 '나는 이런 사람입니다'라고 자랑하며, 그렇게 만들어 주신 하나님께 감사드려 보세요.

3. 누군가의 엄마이거나 아내이기 이전에 어떤 일을 하는 사람이었는지, 또는 어떤 일을 하는 사람이 되고 싶었는지 적어 보세요.

4주. 자기 사랑

1일. 나의
고유한 정체성

**2일. 고통과 비극
재해석하기**

3일. 여성성과
엄마 되기

4일. 온전해지는
자기 사랑

날짜

2부 잠시 생각해 보기

4주 2일 자기 자신을 사랑할 줄 아는 사람들의 특징이 무엇인지 생각해 보고, 그렇게 생각하는 이유를 적어 보세요.

정체성에 영향을 미치는 또 다른 요소

전날 우리는 하나님께서 각자에게 주신 좋은 것들로 자기 정체성이 무엇인지를 구체적으로 찾아보았습니다. 그러나 자기 정체성은 긍정적 조건으로만 만들어지지 않습니다. 살면서 겪은 고통스러운 상황, 사건, 인간관계 또한 '지금의 나'를 형성하는 데 기여했을 것입니다. 고통과 비극은 대개 부정적 정체성을 형성합니다. 사랑받지 못하고 자란 사람은 자신과 다른 사람을 사랑하기 어려운 사람으로 자라고, 학대받으며 자란 사람은 자신을 무가치한 존재라고 생각하기 쉬우며, 비교당하면서 자란 사람은 돈을 많이 벌거나 높은 지위에 오르기 위해 일에 몰두하는 사람이 되기 쉽습니다.

    그런데 그리스도인들은 비극적이고 고통스러운 이야기조차 하나님의 관점으로 재해석하고, 그 안에서 자신의 정체성을 재정립할 수 있습니다. 성경에는 그런 사람들의 이야기로 가득합니다. 수많은 믿음의 선배가 절망적인 삶의 여정을 지나면서 오히려 하나님께 특별한 정체성을 부여받기도 했습니다. 그러므로 지금 내가 누구인지 알려면 이전에 겪었던 비극적 상황과 사건 또한 직시할 수 있어야 합니다. 고통을 있는 그대로 인정하고 직시하되, 하나님께서 보시는 대로 다시 해석하는 법을 배우는 것이 중요합니다. 하나님의 관점으로 보면, 내 삶은 전혀 다른 이야기로 해석될 수 있습니다. 그리고 그런 고통과 비극이 독특한 정체성을 확립하는 재료가 될 수 있습니다.

     기독교는 하나님이 당한 수치와 고통이 인류를 구원했다는 '하나님의 구속사'가 중심을 이룹니다. 성경에 나오는 많은 인물 또한 절망적 상황에서 하나님이 누구신지 알게 되고, 가족을 구원하고, 예수님을 전하는 사람으로 바뀝니다. 야베스는 어머니가 산통을 겪으면서 낳은 탓에 야베스, 즉 고통이라는 이름을 받았지만, 하나님께서 복 주시는 분임을 믿어서 하나님께 복을 받습니다. 막달라 마리아는 일곱 귀신 들린 여자로 불렸지만, 예수님의 부활을 가장 먼저 전한 사람이 되었습니다. 라합은 '창녀' 신분으로 극빈층 구역에 살았으나, 자신과 가족의 생명을 구했을 뿐 아니라 구세주 예수 그리스도의 조상이 됩니다. 하나님이 누구신지, 무슨 일을 하시는지 알았기 때문에 새 이름을 얻을 수 있었습니다. 예수 그리스도 안에서 우리에게도 동일한 일이 일어날 수 있습니다.

고통과 비극 재해석 연습

자신의 삶을 돌아보고, 자신에 대해 부정적 생각을 갖게 한 비극적 순간과 상황과 관계들을 찾아보세요. 대개 서너 개 정도는 얽힌 이야기들을 찾을 수 있습니다. 그리고 그로 인해 어떤 사람이 되었는지 설명하고 이름을 붙여 보세요. 가난이나 질병 같은 고통, 역기능 가정의 대물림, 또래 친구들의 따돌림, 다른 형제자매들과의 비교, 거듭되는 실패와 좌절, 믿었던 사람의 배신 등이 있을 수 있고, 다음 같은 이름을 붙일 수 있습니다.

     1. 자주 싸우는 양육자 밑에서 자라서 불안하고 예민한 성격을 가진

2부 4주 2일

사람

2. 혼자라는 외로움을 견디지 못하고 다른 사람들에게 의존적인 사람
3. 폭언하는 엄마 손에서 커서 타인을 잘 신뢰하지 못하는 사람

그리스도 밖에서 우리는 이런 사람이었습니다. 불안하고, 불성실하고, 화를 잘 내고, 예민했습니다. 그러나 예수 그리스도 안에 있으면, 그런 고통스러운 경험으로 인해 하나님의 은혜를 더욱 깊이 깨달을 수 있습니다. 이제 부정적 경험을 재해석하고, 하나님께서 자신을 어떤 사람으로 거듭나게 하셨는지 구체적으로 생각해 보세요.

불안정한 성격을 가진 사람이라면 평안을 약속하신 말씀을 묵상하면서, 예수 그리스도 안에서 하나님께서 주시는 평안을 다른 사람들보다 더 크게 바라고 누릴 수 있습니다. 요한복음 14장 27절을 찾아보세요.

> 나는 평화를 너희에게 남겨 준다. _____. 내가 너희에게 주는 평화는 세상이 주는 것과 같지 않다. 너희는 마음에 _____, _____.

사람들과 건강한 관계를 맺는 게 어렵거나 외로움을 많이 느끼나요? 다른 사람에게 의존적이고, 또 쉽게 실망하나요? 또는 돈에 대해 늘 불안해하나요? 예수 그리스도 안에서 다시 해석하면, 지금까지 흠이요 얼룩이라 생각해 오던 것들이 깊이 있고 아름다운 무늬로 바뀔 수 있습니다. 위에 적은 것들을 예수 그리스도 안에서 하나님께서 보시는 대로 바꿔서 말해 보겠습니다.

불안하고 예민한 사람	→	그리스도 안에서 하나님의 평안을 배우는 사람
외롭고 의존적인 사람	→	하나님께서 함께하시는 사람(임마누엘) 또는 하나님을 의지하는 사람
잘 신뢰하지 못하는 사람	→	하나님께서 버리지 않으실 것을 믿는 사람

예수 그리스도 안에서 우리 정체성은 마치 환골탈태하듯 세포 하나하나까지 바뀝니다. 그 과정은 우리 개개인의 삶을 구체적이고 실제적으로 바꿔 놓습니다.

    그리스도인은 '내가 누구인지' 새롭게 알아가고, 그래서 끊임없이 새로운 정체성을 재형성해 가는 사람들입니다. 하나님 나라가 이미와 아직 사이에서 완성을 향해 나아가듯이, 우리도 끊임없이 예수 그리스도의 온전하신 모습을 닮아 가며 그런 사람으로 형성되어 갑니다.

오늘의 과제

1. 당신이 부정적 자아상을 가지게 된 사건과 상황과 인간관계들을 찾아보세요. 그리고 그로 인해 당신 안에 만들어진 부정적 자아상을 자신의 말로 적어 보세요.

1) _____

2) _____

3) _____

2. 하나님 안에서 당신의 부정적 자아상을 재해석하고, 그리스도 안에서 주실 새로운 정체성으로 이름을 붙여 보세요.

1) _____

2) _____

3) _____

4주.	자기 사랑

1일.	나의 고유한 정체성

2일.	고통과 비극 재해석하기

3일.	**여성성과 엄마 되기**

4일.	온전해지는 자기 사랑

날짜

(2부) **잠시 생각해 보기**
(4주)
(3일) '나는 여성이다'라는 사실을 언제 처음 자각했는지 기억해 보세요.

여성성

한 여성이 자기 정체성을 온전하게 확립하기 위해 생각해야 할 마지막 요소를 살펴보겠습니다. 마지막이지만 사소하지 않으며, 자기 정체성에서 매우 중요한 요소입니다. 바로 여성성에 관한 것입니다. 여성 또는 남성으로 구분되는 성은 생물학적 차이일 뿐 아니라, 한 사람이 자기 존재의 의미와 역할, 삶의 방향을 결정하는 데 지대한 영향을 미칩니다.

오늘날 대다수 여성은 자신이 여성이라는 사실을 아이를 낳은 후 더욱 절실하게 자각하기 시작합니다. 아이를 낳고 엄마가 되는 것은 한 여성이 경험할 수 있는 가장 놀라운 특권 중 하나임에 틀림이 없습니다. 그러나 그것이 여성에게 맡겨진 역할의 전부는 아닙니다.

여성과 남성에게 동일하게 주신 사명

하나님께서는 사람을 지으시고, 하나님의 대리인으로 이 땅을 다스리라고 하셨는데, 이는 남성과 여성에게 동일하게 주신 사명이었습니다. 창세기 1장 27-28절을 찾아서 읽어 보세요.

하나님이 당신의 형상대로 사람을 창조하셨으니, 곧 _____
_____ 사람을 창조하셨다. 하나님이 _____
_____. 하나님이 그들에게 복을 베푸셨다. 하나님이 그들에게
말씀하시기를 "생육하고 번성하여 땅에 충만하여라. 땅을 정복하여라.
바다의 고기와 공중의 새와 땅 위에서 살아 움직이는 모든 생물을
_____" 하셨다.

창세기의 이 구절은 여성이 누구인지 이해할 수 있게 해 주는 중요한 구절입니다. 하나님께서는 남성과 여성을 동등하게 만드시고 동일한 사명을 주셨습니다. 여성과 남성은 다른 점보다 유사한 점이 훨씬 많습니다. 성경 말씀 중에는 명백하게 여성들에게 하신 말씀이 있지만, 그 외에 모든 성경 말씀은 남성과 여성에게 동일하게 하신 말씀입니다.

    그리스도인의 삶의 목적은 그리스도를 닮아 가며 알리는 것인데, 하나님께서는 남성과 여성을 구분하지 않고 그렇게 살라고 하셨습니다. 특히 네 복음서에서 예수님이 여성들을 어떻게 대하시는지 보면, 하나님께서 여성을 어떤 의도로 창조하셨는지 알 수 있습니다. 예수님은 여성들도 제자로 부르셨고, 자신의 죽음과 부활을 통해 하나님 나라가 시작되었음을 알리라고 명하셨습니다. 예수님은 여성을 아내요 엄마로 보시기에 앞서 하나님 나라 복음을 전할 제자로 보셨습니다. 그래서 때로는 혈연으로 맺어진 가족의 가치를 무시하는 듯한 말씀을 하시면서까지 하나님 나라가 중요하다고 말씀하셨습니다. 누가복음 11장 27-28절을 찾아보세요.

    예수께서 이 말씀을 하고 계실 때에, 무리 가운데서 한 여자가 목소리를 높여 그에게 말하였다. "당신을 _____ 와 당신을 _____ 은 참으로 복이 있습니다!" 그러나 예수께서 이렇게 말씀하셨다. "오히려

> 2부
> 4주
> 3일

_____이 복이 있다."

누가복음 8장 19 -21절도 찾아보세요.

> 예수의 어머니와 형제들이 예수께로 왔으나, 무리 때문에 만날 수
> 없었다. 그래서 사람들이 예수께 전하였다. "선생님의 어머니와
> 형제들이 밖에 서서, 선생님을 만나고 싶어합니다." 예수께서 그들에게
> 말씀하셨다. "_____이 나의 ____요,
> 나의 ____이다."

예수님의 말씀을 통해 명백하게 알 수 있는 것은 하나님께서 여성과 남성을 동일하게 부르셨다는 것입니다. 이것은 그때나 지금이나 놀라운 가르침입니다. 그런데 동일한 존재로 창조하시고 동일한 사명을 주셨는데 남성과 여성을 다른 성적 존재로 만드신 이유는 무엇일까요?

여성성과 남성성에 대한 왜곡된 이해

인류 역사 동안 지금까지도 사람들은 여성의 본성과 남성의 본성이 다르다고 생각하고, 또 그렇게 가르쳤습니다. 일반적으로 남성성은 결단력, 추진력, 경쟁적, 능동적, 이성적, 자립, 성취, 물질 등을 의미하고, 여성성은 순응적, 감성적, 감정적, 돌봄, 수동성, 부드러움, 과정, 관계 등을 의미한다고 여겼습니다. 그러나 이런 이분법적 성 구분은 하나님께서 사람을 남자와 여자로 창조하실 때 의도하신 것이 아닌 것 같습니다.

앞에 적은 남성성과 여성성은 둘 다 하나님의 형상으로 지어진, 인격적 존재인 인간의 특성입니다. 성경은 남성다움이나 여성다움을 이렇게 구분 짓지 않습니다. 성경이 명백하게 가르치는 것은 남자나 여자나 하나님을

사랑하고 이웃을 섬기라고 똑같이 부르심을 받았다는 것입니다. 그리고 각자의 재능과 은사를 따라 동역하며, 하나님 나라에서 함께 살아가라는 것입니다.

    인류 역사를 되짚어 보면, 어느 나라 어느 사회든 여성에 대한 부정적이고 왜곡된 시각이 지배적이었습니다. 그 결과로 오늘날에도 많은 여성이 자기 정체성을 남성들만큼 쉽게 확립하지 못하고, 하나님이 원래 의도하신 충만한 삶을 살지 못하고 있습니다. 그러므로 여성은 여성으로서 온전한 자아상을 바르게 회복하고, 하나님께서 계획하신 대로 살아내기 위해 남성들보다 더 많이 애써야 합니다.

나는 엄마다

하나님께서 여성을 통해서 하시는 또 다른 놀라운 일은 새 생명의 탄생입니다. 모든 여성이 아이를 낳지는 않지만, 아이를 낳고 기르는 것은 한 여성의 삶에 엄청난 의미를 줍니다. 《엄마 먼저》를 함께 읽는 분들은 모두 '나는 엄마다'라는 정체성을 공유하고 있습니다. 성경은 엄마를 생명을 낳는 자, 돌보는 자, 보호하는 자, 신앙을 전수하는 자, 훈육자, 기르는 자라고 말합니다. 그런데 이것은 하나님이 하시는 일이기도 합니다. 그러므로 엄마라는 정체성을 배우는 것은 다른 무엇보다 하나님을 닮아 가는 것입니다. 엄마로서 해야 하는 일에 대해서는 7주와 8주 차에 구체적으로 하나씩 생각해 볼 것입니다. 어떤 역할을 하든 분명한 것은 하나님께서 우리를 엄마로 부르셨고, 그 정체성이 우리 삶의 중요한 부분이 되도록 복 주셨다는 것입니다.

오늘의 과제 1. 자신의 정체성을 형성하는 중요한 부분으로 여성성에 대해 생각해 보세요. '나는 여성이다'라는 말을 어떻게 다르게 표현할 수 있을까요?

2. 어떤 상황에서, 어떻게 행동할 때 자신의 여성성이 하나님께서 원래 의도하신 대로 가장 잘 드러나는지 생각해 보고 적어 보세요.

4주.　　　　　　자기 사랑

1일.　　　　　　　나의
　　　　　　　고유한 정체성

2일.　　　　　　고통과 비극
　　　　　　　재해석하기

3일.　　　　　　　여성성과
　　　　　　　　엄마 되기

4일.　　　　　　온전해지는
　　　　　　　　자기 사랑

날짜

잠시 생각해 보기

자기 사랑과 자기 중심성이 어떻게 다른지 생각해 보세요.

좋은 엄마가 되기 위해 자기 자신을 알고 사랑하는 것보다 더 중요한 주제는 없습니다. 엄마로서 아이를 위해 해 주는 그 어떤 일도 엄마가 먼저 자기 삶을 만족하고 기쁘게 살아내는 것보다 중요하지 않습니다. 그래서 우리는 지난 두 주 동안 이 주제에 대해 질문하고 답을 찾아보았습니다. 앞서 말했듯이 자신이 누구인지 알고, 자신을 사랑하는 일은 평생의 숙제입니다. 두 주 만에 완성할 수는 없습니다. 그래서 2부의 마지막 날에 다시 한번 자기 정체성과 자기 사랑에 대해 정리하면 좋겠습니다. 그리고 이 주제에 대해서는 이후로도 계속 답을 찾아 나가기를 바랍니다.

　앞서 했던 말을 한 번 더 되새기면서 그 작업을 시작해 보겠습니다. 그리스도인의 정체성은 먼저 그리스도 안에서 하나님께서 하신 일을 바탕으로 찾아야 합니다. 우리의 신분과 정체성은 하나님께서 주신 것이며, 우리는 이를 믿음으로 받아들입니다. 또한 변화된 신분에 걸맞은 삶을 구체적으로 살아내면서 자신만의 고유한 정체성을 알아 갑니다. 우리 각 사람은 그리스도인으로서 보편적 정체성과 개인적 정체성을 조화롭게 통합하면서 자기 정체성을 확립해 갑니다. 그리고 자신이 누구인지 제대로 아는 만큼 자신을 제대로 사랑할 수 있게 됩니다.

자기 정체성과 자기 사랑

자신이 누구인지 알아 가는 기본 원리를 기초로 하여 하나님의 관점으로 자기 사랑을 배우기 위해서는 크게 네 가지를 해 볼 수 있습니다.

① 그리스도인의 보편적 자기 정체성 기록하기
우리는 중요한 것을 적어서 기록으로 남깁니다. 기록으로 남겨야 할 만큼 중요한 것 중에 자기 정체성보다 더 중요한 것은 없습니다. 손으로 적는 것을 좋아한다면 새로운 공책에, 컴퓨터를 사용하는 것이 더 익숙하다면 새로운 파일을 만들어서, 그곳에 자기 정체성을 하나씩 적어 나가 보세요. 먼저 그리스도인으로서 기본적인 자기 정체성을 적으세요. 모든 죄를 용서받은 자, 영원한 생명을 얻은 자, 하나님의 딸, 그리스도의 제자, 성령께서 인도하시는 사람, 그리스도의 몸인 교회 등, 엄청난 말이면서 동시에 우리의 정체성을 표현해 주는 말들을 적으세요. 그리고 그 말이 진정한 자기 정체성이라는 확신이 들 때까지, 그리고 그로 인해 마음에 감격과 감사와 기쁨이 넘쳐날 때까지 계속 되뇌면서 마음에 새겨 나가세요. 그리고 큐티를 하거나 설교를 들으면서 정체성과 관련해서 새로운 말들을 배울 때 계속 업데이트하면서 적어 보세요. 참고로, 제가 오늘 여호수아서 22장을 묵상한 후 적은 말은 "나는 주님을 섬기는 자, 그리고 나누어 가지는 자"입니다.

② 개별적이고 고유한 자기 정체성 찾기
하나님께서 우리를 만드실 때 주신 성격과 장점, 성장 배경을 통해 물려받은 좋은 유산, 잘하는 것, 좋아하는 것, 하고 있는 일 등 자신이 받은 모든 것을 찾고, 중요하게 여기는 것들을 적어 보세요. 만약 다른 사람들과 구별되는

_{2부}
_{4주}
_{4일}

장점이 무엇인지 잘 모르겠다면 가까운 사람들에게 물어보세요. 가족이나 친구나 공동체 식구들에게 구체적으로 말해 달라고 요청하고, 그들의 말을 자신의 말로 바꿔서 적어 보세요. 그것이 하나님께서 '나'를 만드신 이유이며, 하나님께서 내 삶을 통해 쓰고 싶어 하시는 '나의 이야기'입니다.

③ 부정적 자아상 찾기, 새로운 자아상 이름 붙이기

말로 표현하지는 않아도 누구나 자신에 대한 부정적 생각이 있습니다. 그리스도인들도 별로 다르지 않아 보입니다. 그런 생각을 찾아내어 하나님의 관점으로 바로잡으려고 애쓰지 않는다면, 잘못된 자아상이 나도 모르는 사이에 나를 조종하게 됩니다. 먼저 내 안에 왜곡된 자아상이 있는지 면밀하게 찾아보고, 그것을 자신의 말로 정리해 보세요.

> "나는 별 볼 일 없는 사람이야. 내 인생은 무가치해. 나는 좋은 엄마가 될 수 없을 거야. 나는 실패작이야. 나는 잘하는 게 없어. 하나님은 나를 계속 지켜보고 계시다가 언젠가 혼내실 거야."

이런 부정적 생각들은 영화에 나오는 악당처럼 쉽게 죽지 않고, 죽은 줄 알았는데도 다시 살아나서 마음의 주인 노릇을 하려고 합니다. 실상은 마귀야말로 우리를 부정적 생각에 사로잡히게 하고 속이는 거짓말쟁이입니다. 이런 거짓말과 싸우려면, 그리스도 안에서 하나님께서 바꿔 주신 우리의 신분을 계속해서 확인하고 믿어야 합니다. 앞서 부정적 자아상을 적었다면, 이번에는 그리스도 안에서 하나님께서 바꾸어 주신 자아상으로 바꾸어 불러 보세요.

> "나는 그리스도 안에서 빛이야. 내 인생은 그리스도 안에서 충분히

가치 있어. 나는 좋은 엄마로 자라 가고 있어. 나는 그리스도 안에서 대성공이야. 나는 잘하는 게 참 많아. 하나님은 그리스도 안에서 내 모든 잘못을 용서하셨고, 그리스도 안에서 나를 무조건 사랑하셔. 나는 하나님의 사랑받는 딸이야."

④ 성령님께 배우기

자기 자신을 알아 가며 자신을 사랑하는 일은 성령님의 도움으로만 온전히 해낼 수 있습니다. 그분이 하시는 일이 바로 그것입니다. 내가 자신을 비난하고, 죄책감을 느끼고, 불안해할 때, 성령 하나님께서는 부드러운 음성으로 내가 예수 그리스도 안에서 무조건적 사랑을 받고 있는 귀한 존재라고 확신시켜 주십니다. 하나님께서 보시는 대로 나 자신을 볼 수 있는 영적 지혜를 달라고 성령 하나님께 기도를 드리세요. 그리고 눈을 감고 5분 정도 침묵하면서 성령님께서 알려 주시는 바를 기다려 보세요. 부드럽고 분명하게 내가 어떤 사람인지 알려 주시면서, 성경이 가르쳐 주는 것과 동일한 말로 나 자신을 향한 하나님의 마음을 알려 주실 것입니다.

오늘의 과제   1. 앞서 설명한 자기 정체성 찾기와 자기 사랑 실천 방법을 따라 해 보세요.

1) 보편적인 자기 정체성 기록하기

2) 개별적이고 고유한 정체성 기록하기

3) 부정적인 자아상 찾고, 새로운 자아상 이름 붙이기

2. 위의 내용을 종합해서 '나는 누구인가?'라는 질문에 대한 답을 다음 쪽이나 새로운 공책이나 파일에 계속 기록해 보세요.

나는 누구인가?

3부.   부부로 살기

5주.   결혼은 언약적 결합

6주.   사랑하고 섬기는 부부

5주. 결혼은 언약적 결합

1일. 결혼 여정 2기에 들어온 당신

2일. 성경적 결혼의 원리 1

3일. 성경적 결혼의 원리 2

4일. 결혼 생활의 중요 요소 : 사랑과 복종

날짜

3부 / 5주 / 1일

잠시 생각해 보기

아이를 제외하고 지난 한 주간 당신이 가장 많이 생각한 사람은 누구였나요?

세상이 참 많이 바뀌고 있습니다. 당연하다고 여기는 것들에 의문을 제기하고, 원래부터 그래야만 하는 법은 없다고 말합니다. 결혼도 그중 하나인 것 같습니다. 그래서 프랑스의 한 학자는 "2030년이 되면 우리가 알던 결혼제도는 사라질 것이다"라고 말했습니다. 지구상에 존재하는 수많은 제도 중에 결혼만큼 최대의 찬사와 최악의 비평을 동시에 받는 제도가 또 있을까 싶습니다. 당신은 결혼에 대해 어떻게 생각하시나요?

결혼 여정

일반적으로 결혼 여정은 밀월기(honeymoon)로 시작해서, 첫째 아이가 태어나는 결혼 2-3년 즈음에 환멸기 또는 혐오기라 불리는 시기로 이어집니다. 환멸의 사전적 뜻은 "꿈이나 기대나 환상이 깨짐, 또는 그때 느끼는 괴롭고도 속절없는 마음"입니다. 이때는 결혼 전이나 아이가 태어나기 전 신혼기에 가졌던 결혼에 대한 환상이 사라지는 시기입니다. 그렇게 매력적이고 사랑스러워 보이던 배우자의 어떤 모습이 견딜 수 없을 만큼 보기 싫어지고, 그래서 자신이 바라는 대로 고쳐 보려고 자주 싸웁니다.

그리고 좀 더 심각한 경우에는 결혼을 후회하고 이혼을 고려합니다.

　　이런 정도의 강도 높은 갈등이 아니라 하더라도 아이가 태어나면 부부는 여러 가지 예상하지 못했던 갈등과 마주합니다. 그러나 갈등의 시기가 불필요하거나 나쁜 것만은 아닙니다. 폴 투르니에는 이렇게 말했습니다. "갈등기를 지나가지 않는 부부는 없다. 이 시기 없이 진정한 친밀감은 형성되지 않는다. 이 시기를 지나가면서 사랑은 환상을 넘어 성숙한다." 그렇습니다. 오히려 갈등기는 성숙한 결혼 관계로 들어가기 위해 꼭 필요한 단계이며, 이 시기를 잘 지나갈 때 그다음 단계인 두 번째 밀월(second honeymoon), 또는 '재결합의 시기'로 나아가게 됩니다.

　　결혼 여정은 때로 50년보다 더 길게 이어집니다. 그사이에 수많은 일이 일어나고, 미움과 사랑, 회개와 용서, 고통과 치유, 배척과 포용, 깨어짐과 연합, 참담한 분개와 안도의 눈물, 어이없는 오해와 더 깊은 이해 등 이 모든 것이 파도 타듯 이어지면서, 마침내 한 사람이 다른 한 사람을 몸과 마음을 다해 사랑할 줄 아는 관계로 성숙해 갑니다. 그래서 바울 사도는 결혼이 그리스도와 교회의 관계와 같으며, 참으로 신비한 것이라고 말했습니다.

결혼 여정 2기에 들어섰다면

지금 당신의 결혼 생활은 어떤가요? 오후 3시부터 남편을 다시 만날 저녁이 기다려지고, 남편과의 관계가 함께 있으면 지루할 새 없이 이야기가 이어지는 그런 친구 사이 같은가요? 눈만 마주쳐도 가슴 설레고, '이 사람은 하나님께서 주신 가장 큰 선물, 나는 하나님께 특별한 사랑을 받고 있는 사람이에요'라는 생각이 드나요? '그게 언제 적 이야기인가요? 남편하고 눈이 마주치는데 가슴이 설레는 여자가 있다고요?', '제가 하나님 사랑을 받은 사람인 것은 맞는데, 남편 말고 다른 선물을 받으면 안 될까요?' 하는 마음입니까?

> 3부
> 5주
> 1일

> 큰언니가 묻는다. "너희들 결혼 생활 쉽지 않지?"
>
> 동생이 대답한다. "응…. 미워 죽겠어."
>
> 큰언니가 대답한다. "그럴 거야. 그때는 나도 그랬어."

결혼이란 것이 알 것 같으면서도 모르겠고, 아침에는 이만하면 행복한 거지 싶다가도, 남편 퇴근과 동시에 자신이 세상에서 제일 불행한 사람 같고, 저만한 사람 없지 싶다가도, 다시 태어나면 절대 결혼하지 말아야겠다고 이루지도 못할 결심도 해 보고, "내가 사람 보는 눈이 있어서 남편 참 잘 골랐지"라고 자랑한 적도 있지만, 아직 싱글인 친구가 부러워 괜히 전화해서 "너는 잘 살지?"라고 물어보고, 이런 게 결혼이지 싶다가도 이게 전부일까 싶기도 하고….

만약 후자에 속한다면 당신은 지금 결혼 여정 2기에 들어와 있는 것입니다. 《엄마 먼저》 참가자들은 대부분 그 시기를 지나가고 있습니다. 그러니 여러분은 다들 결혼 동기들입니다. 조금 앞에 있든 뒤에 있든 큰 차이 없는 동기들입니다. 동기들끼리 손 모으고 아자아자 파이팅 한번 해 볼까요?

다시 결혼의 원리로 돌아가기

결혼 여정 2기에 들어왔다는 것은 이제 결혼에 관해서는 초보가 아니며, 결혼에 관한 어떤 이야기도 제대로 이해할 수 있는 때가 되었다는 말입니다. 그러니 이제 처음부터 기초를 다시 놓는다는 마음으로 결혼의 원리를 다시 점검해 봅시다.

결혼은 하나님께서 만드셨습니다. 결혼에 관해 알아야 할 것이 많지만 그중 제일 중요한 것이 바로 이것입니다. 그래서 결혼 생활을 잘하려면 하나님이 누구신지, 하나님께서 결혼을 만드신 의도가 무엇인지를 먼저 알아야 합니다. 또한 결혼은 하나님께서 그리스도 안에서 새롭게 변화시켜 주신 정체성을 기반으로 시작해야 합니다. 그래서 지난 두 주간 기록한 내용을 기초로 그리스도 안에서 내가 누구인지 아는 것이 결혼 생활을 위해서도 매우 중요합니다. 이 두 가지를 기초로 해서 다음 과부터 결혼의 원리를 자세히 살펴볼 것입니다.

오늘의 과제 결혼 여정을 그래프로 그려 보세요. 그리고 자신의 결혼이 지금 어디쯤 와 있는지 표시해 보세요.

5주. 결혼은 언약적 결합

1일. 결혼 여정 2기에 들어온 당신

2일. 성경적 결혼의 원리 1

3일. 성경적 결혼의 원리 2

4일. 결혼 생활의 중요 요소
: 사랑과 복종

날짜

3부
5주
2일

잠시 생각해 보기

현재 결혼 생활에 어려움이 있다면 적어 보세요.

톨스토이의 소설 《안나 카레니나》는 "행복한 가정은 모두 엇비슷하고, 불행한 가정은 불행한 이유가 제각각 다르다"라는 유명한 말로 시작합니다. 행복한 가정은 그들을 행복하게 하는 어떤 원리를 따라가고, 불행한 가정은 그 원리를 알지 못하거나, 원리를 알아도 따라가지 않기 때문입니다. 결혼 생활이 행복하려면 결혼 생활을 위한 관계 기술보다 결혼의 원리를 아는 것이 더 중요합니다.

성경적 결혼에 관한 가장 중요한 말씀은 창세기와 에베소서에 기록되어 있습니다. 먼저는 하나님께서 아담과 하와를 창조하신 이야기에 함께 등장하며(창세기 2장), 그다음은 바울 사도가 그리스도인들이 궁극적으로 추구해야 할 결혼에 대해 알려 주는 데서 나옵니다(에베소서 5장). 성경 전체로 보면 많은 분량이 아니지만, 이 두 구절은 결혼에 관해 알아야 할 거의 모든 것을 알려 줍니다.

창세기가 알려 주는 결혼 원리

창세기에는 결혼이 어떻게 시작되었는지 알려 주는 이야기가 나옵니다.

하나님께서는 아담과 하와를 세상에서 가장 아름다웠던 야외 예식장으로 데리고 와서 "결혼은 이것이다"라고 말씀해 주셨습니다. 창세기 2장 18절과 22-24절을 찾아보세요.

> 주 하나님이 말씀하셨다. "남자가 혼자 있는 것이 좋지 않으니, _____을 만들어 주겠다."…주 하나님이 남자에게서 뽑아 낸 갈빗대로 여자를 만드시고, 여자를 남자에게로 데리고 오셨다. 그때에 그 남자가 말하였다. "이제야 나타났구나, 이 사람! _____, 남자에게서 나왔으니 여자라고 부를 것이다." 그러므로 _____ ___을 이루는 것이다.

아담은, 하나님께서 지으셔서 자기에게 데리고 온 하와를 "남자(이쉬)에게서 나왔으니 여자(잇샤)라고 부를 것이다"라고 말합니다. 이어서 성경은 남자와 여자가 "한 몸"이 되는 것이 결혼이라고 말합니다. 숨 막히도록 경이로운 인류의 첫 번째 결혼식 장면을 통해 결혼의 원리를 찾아봅시다.

① 결혼은 사람을 사람답게 살게 하려고 고안된 것

성경은 인간이 하나님의 형상대로 지어졌다고 말합니다. 아이가 태어나면 사람들은 흔히 "아빠 닮았네", "아니야, 엄마를 더 닮았지"라는 대화를 주고받습니다. 아이들이 부모를 닮듯이 인간은 하나님을 닮은 존재입니다. 하나님의 형상은 성경이 말하는 인간론의 핵심입니다. 하나님의 형상이라는 말에는 여러 의미가 있지만, 삼위 하나님께서 친밀한 관계 안에 함께 계시듯이, 사람은 다른 사람과 함께 살아가도록 만들어졌다는 뜻입니다. 사람은 누군가를 사랑하고 사랑을 받으며, 친밀하게 인격적 관계를 맺으며

3부
5주
2일

살아갈 때 가장 사람답게 살아갈 수 있습니다.

하나님께서 결혼을 만드신 이유도 남자가 혼자 있는 것이 좋아 보이지 않아서였습니다. 그래서 여자를 만들어서 남자와 짝지어 주셨습니다. 결혼은 남자와 여자가 하나가 되는 것입니다. 둘은 마치 한 사람인 양 함께 지냅니다. 함께 먹고, 함께 자고, 함께 일하고, 함께 쉬고, 함께 즐거워하고, 함께 울고, 함께 한곳을 바라보고, 아무것도 숨기는 것 없이, 벌거벗었으나 부끄러워하지 않고, 모든 것을 주고받으며 함께 삽니다. 그것이 결혼입니다. 결혼이야말로 하나님의 형상대로 지어진 사람답게 사는 길입니다.

그래서 결혼한 부부는 이런 친밀함이 부족하다고 느낄 때 서로에게 화가 나거나 섭섭함을 느낍니다. 지금 결혼 여정 2기에 들어와서 배우자에게 자주 화가 난다면, 하나님이 결혼을 만드실 때 의도하신 친밀한 사랑이 부족하기 때문일 것입니다. 여기에는 다른 해법이 없습니다. 부부가 함께하는 시간을 다시 회복해야 합니다. 아이를 양육하느라 긴 시간 함께하기가 어렵다면, 짧게라도 서로 친밀함을 주고받는 시간을 가져야 합니다. 그것이 결혼의 원래 목적이기 때문입니다. 친밀함을 회복하는 또 다른 간단한 방법은 배우자가 하는 말이나 행동에 관심을 보이고 반응하는 것입니다. 배우자에게 작은 관심을 자주 표현하세요.

② 결혼은 남자와 여자의 결합

너무 당연하게 들리는 이 말 때문에 결혼이 어렵기도 하고, 결혼이 아름다워지기도 합니다. 수많은 부부가 성격 차이로 이혼한다고 하지만, 아마도 그들이 말하는 성격 차이에는 남녀의 성차가 큰 비중을 차지할 것입니다. 성경은 남녀가 동등하면서도 다르게 지어졌다고 말합니다. 그런데 남자와 여자가 어떻게 다른지 분명하게 알려 주지는 않습니다. 결혼이 남자와 여자의 결합이기 때문에 부부는 결혼 초기부터 자신이 이해하는 남성성/여성성과 배우자가 이해하는 남성성/여성성이 어떻게 같고, 또 어떻게 다른지 알아 가야 합니다. 오늘날에는 남자와 여자에 대한 전통적인 이데올로기가 사라져 가고 있습니다. 그러므로 부부는 서로가 생각하는 남자의 역할, 여자의 역할에 대해 알아 가고 대화하며, 서로의 남성성/여성성을 하나님께서 의도하신 대로 멋지게 살아내도록 도와야 합니다.

③ 아내는 남편을 '돕는 사람, 곧 그에게 알맞은 짝'
하나님께서는 처음 여자(잇샤)를 만드실 때 남자의 '돕는 사람'으로 만드셨다고 말씀하셨습니다. 이 말은 여자가 남자보다 열등하거나 보조적 존재라는 뜻이 아닙니다. 돕는 사람(에제르)이라는 말은 하나님을 칭할 때도 사용됩니다. 시편 54편 4절을 찾아 읽어 보세요.

그러나 _____ 이시며, 주님은 내게 힘을 북돋우어 주는 분이시다.

여자를 '에제르'로 창조하셨다는 말은, 하나님께서 이스라엘 백성을 도우시듯이, 여자도 다른 사람, 특히 남편을 도울 만큼 강인하고 지혜로운 자로 만드셨다는 뜻입니다. 창세기의 결혼 이야기가 말해 주는 것은, 남자와 여자는 홀로 있을 때는 불완전하지만 둘이 함께 있으므로 완전해진다는 것입니다. 그 의미를 '돕는 사람, 곧 그에게 알맞은 짝'이라는 말로 표현하셨습니다. 원어로 **'에제르 크네그도'**는 그 짝(동등한 지위의 짝)의 도움(하나님의 도우심처럼 절대적인 도움)이라는 아름다운 뜻을 지니고 있습니다. 그러므로 남편과 아내는 서로가 가진 최상의 것을 찾아서 사용하도록 도와주고, 또한 다른 사람들은 알지 못하는 부족한 것을 채워 주는 존재로 함께 살아가는 짝입니다.

오늘의 과제 창세기에 나온 세 가지 결혼 원리 중 자신의 결혼 생활에서 부족한 것이 무엇인지 생각해 보세요. 그리고 어떻게 하면 그 부분에서 성장할 수 있을지, 구체적인 실행 방법을 찾아 적어 보세요.

5주. 결혼은 언약적 결합

1일. 결혼 여정 2기에 들어온 당신

2일. 성경적 결혼의 원리 1

3일. 성경적 결혼의 원리 2

4일. 결혼 생활의 중요 요소 : 사랑과 복종

날짜

3부 **잠시 생각해 보기**

5주 제일 친한 친구 두 사람이 만났을 때 어떻게 행동하는지 상상해 보세요.

3일

④ 가정의 중심은 남편과 아내

창세기 2장 23-24절을 다시 읽어 보세요.

> 그때에 그 남자가 말하였다. "이제야 나타났구나, 이 사람! ____
> _____, 남자에게서 나왔으니 여자라고 부를 것이다."
> 그러므로 남자는 _____, 아내와 결합하여 한몸을
> 이루는 것이다.

창세기의 결혼 이야기는 남편과 아내가 인간관계의 시작이자 중심이라고 말합니다. "뼈도 나의 뼈, 살도 나의 살"이라는 시적 표현은 남편과 아내 사이가 모든 것을 초월한 관계임을 암시합니다. 부모, 자녀, 친구, 다른 누구, 또는 다른 무엇도 부부보다 더 가까울 수 없습니다. 그런데 누구보다 가깝고 떼려야 뗄 수 없이 친밀한 부부 관계는 결혼과 동시에 생성되지만, 부부가 함께 만들어 가야 하는 것이기도 합니다.

　이를 위한 첫 번째 과제가 부모를 떠나는 것입니다. '떠나다'의

원어 뜻은 '끊다, 버리다, 포기하다'입니다. 하나님의 첫 번째 주례사에는 끊고 붙이는, 대칭되고 반대되는 두 이미지가 등장합니다. 부모와는 끊고 배우자와는 붙이라고 하십니다. 부모를 떠나는 것은 그 자체가 명령이 아니라, 부부가 하나 됨을 이루기 위한 선행조건입니다. 그러므로 아이가 태어나기 전인 신혼기에는 남편과 아내를 중심으로 가족 관계를 재편성하고, 새로운 가족 관계에 적응해 가는 시기입니다. 이 과정이 쉽지는 않습니다. 그래서 신혼부부가 싸우는 이유 중 세 손가락 안에 드는 것이 확대 가족과의 관계입니다.

남편과 아내가 부모를 떠나 배우자와의 관계를 1순위로 만들어 가는 것이 1차 관계 재정립이라면, 2차 관계 재정립은 첫아이가 태어나면서 형성된 부부와 아이의 삼각관계 안에서 이루어져야 합니다. 건강한 가정을 세우려면 아이가 태어난 후에도 가정의 중심에 부부가 있어야 합니다. 농담인 듯 아닌 듯, 요즘 가정은 아이가 태어난 후 아이, 엄마, 강아지, 아빠로 서열이 재배열된다고 합니다. 그러나 이것은 하나님께서 바라시는 순서가 아닙니다. 영유아기 아이들이 부모에게 엄청나게 많은 시간과 에너지를 요구하는 것은 맞습니다. 그렇지만 아이가 건강하게 성장하는 데 필요한 만큼만 시간과 에너지를 써야 합니다. 아이에게 필요 이상으로 집중하고 아이에게만 관심을 쏟으면, 배우자는 소외감을 느끼고 부부 연합에 균열이 생길 수 있습니다. 부부는 아이가 태어난 이후에도 배우자를 최우선순위에 두어야 하며, 배우자보다 자녀를 더 중요하게 여기지는 말아야 합니다.

⑤ 결혼의 목적은 우정, 그리고 그 이상의 친밀함

결혼 관계와 가장 유사한 것은 매우 친밀한 우정 관계입니다. 하나님의 형상으로 지어진 사람의 특징은 다른 사람과 인격적으로 사귀는 것임을 다시 한번 생각해 보세요. 하나님께서 결혼을 만드신 목적은 남편과 아내가 삼위

> 3부
> 5주
> 3일

하나님의 사귐을 닮은, 우정 어린 관계를 맺는 것입니다. 그러므로 결혼은 평생에 걸쳐 자신의 배우자와 세상에서 제일 친한 친구가 되는 것입니다. 그리고 그 이상의 친밀함을 누리는 것입니다. 부부는 몸, 마음, 정신, 영혼 등 모든 것이 전인격적으로 결속되어 하나가 되는 관계입니다. 그리스도인의 삶의 목적이 하나님을 알아 가며 하나님과 친밀하고 인격적인 관계를 누리는 것이듯, 부부가 서로를 알아 가며 시간이 갈수록 더 깊은 친밀감을 누리는 것이 결혼의 목적입니다. 지금 잠시 이런 질문을 해 보세요. '나는 남편에게 좋은 친구인가? 남편은 내게 얼마나 가까운 친구인가?'

부부가 친밀한 친구 관계를 맺는 가장 좋은 방법은 서로를 알아 가는 것입니다. 이는 하나님과 친밀한 관계를 맺는 방법과 동일합니다. 하나님과 친밀한 관계를 맺기 위해 가장 먼저 해야 하는 일은, 하나님께서 내게 무엇을 하라고 하시고 그래서 내가 무엇을 해야 하는지를 생각하기 전에, 하나님이 누구신지 알아 가는 것입니다. 그리고 하나님을 아는 만큼 하나님을 바라보고 경탄하는 것입니다. 부부끼리도 그렇게 하면 됩니다. 남편이 나를 위해 무엇을 해야 하는지, 내가 남편을 위해 무엇을 해야 하는지, 또는 우리가 같이 무엇을 해야 하는지를 생각하기 전에, 남편이 어떤 사람인지 알아 가는 것이 친밀한 관계를 만들어 가는 가장 중요한 방법입니다.

갈등기에 들어선 아내에게는 남편의 긍정적인 면보다는 부정적이고 고치고 싶은 것들이 더 잘 보입니다. 잘하는 것보다 잘못하는 것이 눈에 더 잘 띕니다. 그러나 남편과 친밀한 관계를 새롭게 만들고 싶다면, 남편을 고치려 하기 전에 하나님이 보시기에 남편이 어떤 사람인지, 그리고 하나님이 남편을 어떤 사람으로 만드셨는지를(4주 차 "자기 사랑"에서 자기 자신을 알아 갔던 것처럼) 알아 가려고 해 보세요. 그리고 남편에게 그것을 알려 주고 격려해 주세요. "자기를 알아주는 사람을 위해서는 목숨도 바친다"라는 옛말이 있습니다. 부부가 서로를 알아주는 것이 진정한 친밀함이며 사랑입니다.

⑥ 결혼은 언약적 결합

결혼은 사람이 하나님의 형상대로 지어졌다는 것이 무엇인지를 알려 주기 위한 것이며, 또한 하나님과 우리 관계가 어떤 것인지를 보여 주기 위한 것입니다. 구약성경은 하나님과 이스라엘의 관계를 자주 부부 관계로 묘사합니다. 한 남자와 한 여자의 결혼 언약은 두 사람의 관계를 넘어, 하나님이 우리와 맺으신 언약 관계를 보여 주기 위한 모델입니다.

결혼을 언약적 결합이라고 부르는 이유는, 하나님 앞에서 언약한다는 점을 넘어 하나님께서 두 사람을 한 몸이 되도록 하시기 때문입니다. 부부가 한 몸 되는 것은 두 사람이 그렇게 하기로 결정하고 애쓴다고 해서 되는 것이 아니라, 하나님께서 그렇게 되도록 하시는 것입니다. 그래서 성경은 '한 몸이 되어라'라고 하지 않고, '한 몸이 되는 것이다'라고 말합니다. 상황이나 조건에 따라 해지할 수 있는 것이 계약(contract)이라면, 언약(covenant)은 어떤 상황과 조건에도 변하지 않고 깨질 수 없는 약속입니다. 그래서 디트리히 본회퍼는 결혼하는 질녀에게 옥중에서 이렇게 편지를 써서 결혼 언약에 대해 알려 주었습니다. "왕이 되게 하는 것이 왕이 되고자 하는 의지가 아니라 왕관이듯이, 하나님과 사람 앞에서 너희를 결합시켜 주는 것은 서로에 대한 사랑이 아닌 결혼이란다." 하나님께서 두 사람의 언약적 결합을 이루시기 때문에, 한 남자와 한 여자가 누릴 수 있는 모든 복이 결혼 관계 안에 내재해 있습니다. 또한 그 언약대로 살 수 있도록 하나님께서 부부를 도와주십니다. 결혼식 후에 이어지는 결혼의 긴 여정은 하나님께서 하나 되게 하신 것을 삶에서 실제로 배우고 누리는 과정입니다.

오늘의 과제 앞에 나온 세 가지 결혼 원리 중에서 자신의 결혼 생활에 잘 적용하고 있는 것을 말해 보세요. 그리고 부족한 것은 무엇인지 생각해 보고, 그 부분에서 어떻게 하면 성장할 수 있을지 구체적인 방법을 적어 보세요.

5주. 결혼은 언약적 결합

1일. 결혼 여정 2기에 들어온 당신

2일. 성경적 결혼의 원리 1

3일. 성경적 결혼의 원리 2

4일. 결혼 생활의 중요 요소 : 사랑과 복종

날짜

> **3부**
> **5주**
> **4일**

잠시 생각해 보기

남편을 가장 많이 사랑했을 때가 언제였는지 기억해 보세요.

에베소서가 알려 주는 결혼 생활

결혼에 관한 가장 중요한 가르침은 에베소서 5장 21-33절에 나옵니다. 그중 마지막 부분인 5장 31-33절을 찾아보세요.

> 그러므로 사람이 부모를 떠나 자기 아내와 합하여 그 둘이 한 몸이 되는 것입니다. 이 비밀은 큽니다. 나는 _____ 이 말을 합니다. 그러므로 여러분도 각각 자기 아내를 자기 몸같이 사랑하고, 아내도 자기 남편을 존중하십시오.

바울 사도는 에베소서 5장에서 그리스도와 교회, 남편과 아내를 짝지어 교차로 설명합니다. 그리고 결혼을 설명할 때 썼던 단어를 그대로 사용해 그리스도와 교회의 관계를 설명합니다. 그러면서 결혼을 통해 궁극적으로 알려 주시려고 했던 비밀은 다름 아니라 그리스도와 교회의 관계라고 말합니다. 성경에는 부부가 모델로 삼고 따를 만한 결혼 관계가 드뭅니다. 성경에 등장하는 거의 모든 가정은 불완전하고 깨져 있습니다. 아마도 그리스도가 오시기 전의 가정이라서 그럴지 모릅니다. 그러나 깨어진 가정이 하나님의 뜻은 아닙니다. 하나님께서는 **예수 그리스도를 통해** 결혼의 모델을 제시해 주십니다. 이는 그리스도와 교회의 관계와 무척 닮았습니다. 그러므로 그리스도인 부부는 교회가 그리스도를 사랑하고 그리스도께 복종하듯이 서로 사랑하고 복종해야 합니다.

첫 번째 중요 요소: 사랑

성경이 가르치는 사랑은 느낌이나 생각이 아니라, 하기 싫을 때나 하기 힘들 때도 성령님에 의지해서 구체적으로 행동하는 것입니다. 《풍성한 삶의 기초》에서 배운 사랑의 원리를 따라, 어떻게 남편을 사랑할 수 있을지 생각해 봅시다. (요한1서 3장 11-24절을 찾아서 읽어 보세요)

① **희생하는 사랑**(요한1서 3:16)

사랑의 제1원칙은 조건 없이 상대를 사랑하는 것입니다. 일반적으로 사람들은 상대가 나를 어떻게 사랑하는지 지켜보고, 상대가 주는 만큼 조건적으로 사랑을 베풉니다. 그러나 하나님께서 예수 그리스도를 통해 보여 주신 사랑은 상대가 주든 안 주든 상관없이 자신의 것을 내어 주는 것이며, 또한 상대에게 정말 필요하고 유익한 것을 주는 것입니다. 결혼 초기 몇 년간은 아무런 조건 없이 자기를 희생하는 사랑을 연습해야 합니다. 왜냐하면 두 사람 다 아직 어떻게 사랑해야 하는지 배우지 못한 사랑의 초보자이기 때문입니다. 사랑은 하나님의 사랑을 깨닫고 그렇게 사랑하면서 배우는 것입니다.

② **진실한 사랑**(요한1서 3:18)

자기가 필요한 것을 얻기 위해, 또는 상대방을 자신이 바라는 대로 움직이도록 만들기 위해 베푸는 사랑은 조작하는 사랑입니다. 남편을 위해 수고하고 섬기지만, 그로 인해 자신에게 돌아올 유익을 염두에 두는 것은 진실한 사랑이 아닙니다. 이와 반대로, 진실한 사랑은 순전히 사랑의 대상인 남편의 유익을 위하는 것입니다.

③ **구체적인 사랑**(요한1서 3:17-18)
사랑은 마음에 품고 있는 것이 아니라, 상대방이 필요로 하는 말이나 행동을 실제로 하는 것입니다. 그렇게 할 때 상대방은 사랑받는다고 느낍니다. 아내가 남편에게 구체적인 말이나 행동으로 사랑할 때, 남편은 충족감, 자신감, 안정감, 행복감 등 긍정적인 느낌을 얻습니다. 사랑이 전해지는 방법은 크게 다섯 가지로, 1) 긍정적인 말 2) 함께하는 시간 3) 선물 4) 몸으로 하는 봉사 5) 스킨십입니다(게리 채프먼의 《5가지 사랑의 언어》). 어떤 방식으로 표현할 때 남편이 사랑을 가장 크게 느끼는지 알아보고, 그 방식대로 구체적으로 사랑을 주고받으세요.

④ **중심이 있는 사랑**(요한1서 3:23-24)
진실한 사랑은 자신이 아니라 하나님에게서 옵니다. 하나님께서 우리를 조건 없이 사랑하셨기 때문에, 그 사랑에 의지해 남편에게 불만이 있을 때도 그를 사랑하기로 결단하고 행동하는 것이 중심이 있는 사랑입니다. 배우자를 사랑하기 어렵거나 사랑하고 싶지 않은 순간에도 사랑하는 힘은 사랑의 원천이신 하나님에게서 옵니다(요한1서 4:19-21). 사실 누군가를 평생 사랑하기란 하나님의 사랑 없이는 불가능합니다. 성령 하나님은 우리가 하나님의 조건 없는 사랑을 알도록 해 주시며, 그 사랑으로 배우자를 사랑할 수 있도록 도와주십니다.

두 번째 중요 요소: 복종

하나님께서 우리에게 주신 한 가지 명령은 서로 사랑하라는 것입니다. 그리고 그리스도인의 사랑은 섬김과 복종으로 실현됩니다. 에베소서 5장은 결혼에 관한 원리를 알려 주기 전에, 남편과 아내는 그리스도를 두려워하는 마음으로 서로 복종하라는 가르침으로 시작합니다. 그러고는 다시 한번 더 남편에게는 "사랑하라", 아내에게는 "복종하라"라고 가르칩니다. 에베소서 5장 21-24절을 찾아보세요.

> 여러분은 그리스도를 두려워하는 마음으로 _____. 아내 된 이 여러분, 남편에게 하기를 주님께 하듯 하십시오. 그리스도께서 교회의 머리가 되심과 같이, 남편은 아내의 머리가 됩니다. 바로 그리스도께서는 몸의 구주이십니다. _____, 아내도 모든 일에 남편에게 순종해야 합니다.

이 말씀은 여성을 차별하고 여성의 가치를 비하하는 가르침이 아닙니다. 순종에 대한 모든 가르침은 예수 그리스도를 알아야 바르게 이해할 수 있습니다. 예수 그리스도께서는 우리를 구하시려고 자기를 낮추시고, 목숨을 내어놓기까지 하나님께 순종하셨습니다. 에베소서 말씀을 이해하려면 빌립보서 2장 6-8절을 먼저 읽어 봐야 합니다.

> 그는…오히려 자기를 비워서 종의 모습을 취하시고, 사람과 같이 되셨습니다. 그는 사람의 모양으로 나타나셔서, 자기를 _____, _____ 하셨으니, 곧 십자가에 죽기까지 하셨습니다.

그리스도의 낮아지심과 복종하심은 그분의 위신을 떨어뜨리지 않았습니다.

3부
5주
4일

예수님께서는 자발적으로 하나님께 순종하심으로 복음을 성취하셨고, 하나님께서는 그분을 온 인류의 구원자로 높이 들어 올리셨습니다. 그러므로 하나님께서 아내에게 복종하라고 하신 명령은 교회가 그리스도께 하는 것처럼, 굴종이 아니라 사랑과 기쁨으로, 또 자발적으로 하라는 것입니다.

복종이 구체적으로 의미하는 것

복종이 무엇인지 이해하려면 복종이 아닌 것을 먼저 이해하는 것이 도움이 됩니다. 복종은 남편과 아내의 관계가 수직적이므로 아내가 남편에게 의존하거나 수동적이어야 한다는 의미가 아닙니다. 의존과 복종은 다른 것이며, 복종은 의지적이고 자발적으로 섬기는 자세를 말합니다. 중요한 안건은 남편이 결정하고 남편 뜻대로 밀고 나가도 좋다는 뜻도 아닙니다. 순종이란, 자기 의견을 내놓지 않고 시키는 대로 행동하는 것이 아닙니다. 자발적 순종을 위해 아내는 자기 생각을 분명하게 표현해야 합니다. 아내가 자기 의견이나 판단을 분명하게 밝힐 때 오히려 남편은 가정을 세워 나갈 자신감을 가질 수 있습니다.

바울이 부부에게 서로 복종하라고 가르친 후에, 다시 남편에게 사랑을, 아내에게 복종을 가르친 것은, 그 시대에 이미 복종하며 살 수밖에 없었던 아내들에게 더 수동적이고 순응하며 살아야 한다고 가르친 것이 아닙니다. 오히려 남편들에게 준 '사랑'하라는 명령은 '복종'까지 이미 포함하는 것으로, 남편과 아내는 서로 '사랑하고 복종해야 합니다'라고 가르친 것입니다. 부부는 예수 그리스도를 통해 배운 사랑과 복종으로, 진정한 부부 연합에 이릅니다.

오늘의 과제   에베소서에 나오는 결혼의 원리를 따라 그리스도를 중심에 모시고 서로 사랑하고 복종하는 결혼 생활을 어떻게 하면 할 수 있을지 구체적인 방법을 생각해 보고 적어 보세요.

1. 사랑의 원리

2. 복종의 원리

6주. 사랑하고 섬기는 부부

1일. 부부의 영적 연합

2일. 대화를 통한 연합

3일. 갈등을 넘어선 연합

4일. 성을 통한 부부의 연합

날짜

(3부) **잠시 생각해 보기**
(6주) 남편을 영적 친구로 생각해 본 적 있나요?
(1일)

래리 크랩은 결혼을 '황소와 쇠파리' 관계 같다고 말합니다. 쇠파리는 황소 몸에 달라붙어서 피를 빨아먹으며 기생합니다. 그런데 대부분의 결혼 관계는 황소는 없고 쇠파리 두 마리가 만나 자신의 필요를 채워 달라고 합니다. 특히 결혼 여정 2기나 갈등기에 들어선 부부는 대부분 이와 비슷한 모습을 보입니다.

그러나 하나님께서 처음에 의도하셨던 결혼은 이런 게 아니었습니다. 그리스도인의 결혼은 배우자에게 자기 필요를 채워 달라고 요구하는 것이 아니라, 먼저 배우자를 하나님의 사랑으로 섬기는 것입니다. 이런 결혼 생활은 예수 그리스도 안에서 새롭게 변화된 정체성으로 자신이 누구인지, 그리고 자신이 사랑해야 하는 배우자가 누구인지 알고, 하나님과의 관계 속에서 시작할 때만 가능해집니다. 이것이 부부가 누리는 영적 연합입니다.

영적 연합의 원리

3-4주 차에 우리는 하나님께서 예수 그리스도 안에서 주신 놀라운 정체성을 살펴보았습니다. 하나님께서는 동일한 정체성을 당신의 배우자에게도

주셨습니다. 부부의 온전한 연합은 그리스도 안에서 새롭게 변화된 정체성으로 이루어 가는 것입니다. '나는 누구인가?'라는 질문에 대답했던 그 답으로 '나의 남편은 누구인가?'라는 질문에 답해 보세요.

> 내 남편 _____ 은
> 하나님의 _____ 사람입니다.(창세기 1:27)
> 하나님의 ___ 입니다.(요한복음 1:12)
> 그리스도 안에서 _____ 입니다.(고린도후서 5:17)
> 그리스도 예수 안에서 _____ 입니다.(로마서 8:1-2)
> 그리스도와 더불어 _____ 입니다.(로마서 8:17)
> 하나님의 ___ 입니다.(에베소서 2:10)

그리고 결혼 생활은 남편과 아내 둘이서 이루어 가는 것이 아니라, 부부가 하나님과 맺은 삼각관계 속에서 이루어집니다. 그리스도인 부부가 누리는 영적 연합은 하나님과의 관계 속에서, 새롭게 만들어 주신 정체성으로 이루어집니다.

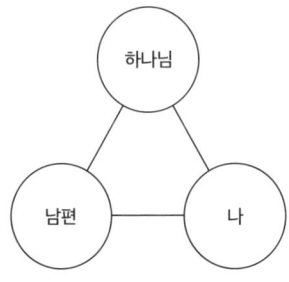

그러므로 결혼은 하나님의 아들과 하나님의 딸의 연합입니다. 이렇게 그리스도 안에서 변화된 신분으로 부부가 서로를 바라볼 때, 자신의 존재에

3부 / 6주 / 1일

대해 온전한 자신감을 가질 수 있으며, "나를 먼저 섬기고 사랑하라"라고 서로에게 요구하지 않을 수 있습니다.

결혼의 비전

부부의 영적 연합은 우선 서로를 그리스도 안에서 새롭게 변화된 존재로 바라보는 데서 시작합니다. 그리고 부부가 함께 새로운 존재로서 하나님의 부르심을 따라 살아갈 때 온전한 영적 연합을 경험하게 됩니다. 부부는 가정과 직장에서 각자 맡은 일을 하면서 하나님의 부르심을 따라 살아가지만, 그와 동시에 부부를 통해 하나님께서 하실 일을 부부가 함께 찾고, 그 부르심을 이루어 낼 때 영적 친밀함은 배가됩니다. 그리고 부부가 영적 연합이라는 놀라운 복을 누릴 때, 그 복은 부부만의 것이 아니라 공동체와 다른 사람들에게까지 흘러가는 복이 될 수 있습니다. 그것이 하나님께서 원래 그리셨던 결혼의 원대한 비전입니다. 창세기 1장 28절과 에베소서 2장 10절을 다시 한번 읽어 보겠습니다.

하나님이 ＿＿＿＿＿＿＿＿＿＿. 하나님이 그들에게 말씀하시기를 "생육하고 번성하여 땅에 충만하여라. 땅을 정복하여라. 바다의 고기와 공중의 새와 땅 위에서 살아 움직이는 ＿＿＿＿＿＿＿＿＿" 하셨다.

에베소서 2장 10절

우리는 ＿＿＿＿＿＿입니다. 선한 일을 하게 하시려고, 하나님께서 그리스도 예수 안에서 우리를 만드셨습니다. 하나님께서 이렇게 미리 준비하신 것은, 우리가 ＿＿＿＿＿＿＿＿＿＿＿ 입니다.

오늘의 과제

1. 하나님이 보시기에 남편이 어떤 존재인지를 알려 주는 성경 구절 중에서 가장 마음에 와닿은 구절을 찾아 적고, 그 이유를 말해 보세요.

2. 부부의 영적 연합을 어떤 방식으로 누릴 수 있을지 말해 보세요.

3. 남편과 결혼의 비전에 관해 대화를 나누고, 하나님께서 두 사람의 결혼을 통해 이루기 원하시는 바를 적어 보세요.

6주. 사랑하고 섬기는 부부

1일. 부부의 영적 연합

2일. 대화를 통한 연합

3일. 갈등을 넘어선 연합

4일. 성을 통한 부부의 연합

날짜

잠시 생각해 보기

남편과 얼마나 친한지를 점수로 매겨 본다면 10점 만점에 어느 정도일까요?

결혼은 남자와 여자 두 사람이 만나 한 몸이 되는 것이며, 하나님은 결혼 언약을 통해 그 두 사람을 하나로 만드십니다. 부부는 결혼 생활을 통해 언약적 하나 됨을 실제로 누리고 살아내게 됩니다. 그 구체적인 방법은

1) 서로 사랑하고
2) 마음으로 대화하고
3) 갈등을 잘 다루는 것입니다.

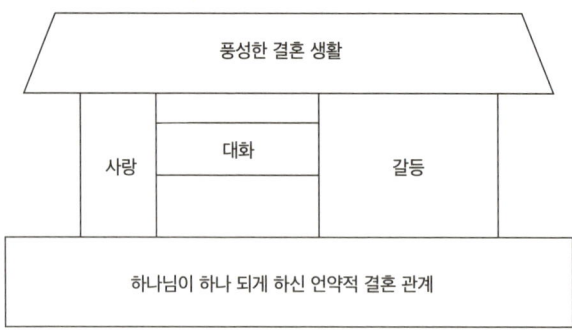

하나님이 놓으신 언약적 기초 위에 풍성한 결혼 생활을 이루어 가는 기둥이 두 개 있는데, 바로 사랑과 갈등입니다. 사랑보다 갈등 기둥이 더 굵은 이유는 결혼 생활 안에 사랑보다 갈등이 더 많아서가 아니라, 갈등이 결혼 생활에 미치는 영향력이 더 크기 때문입니다. 부부가 뜨겁게 사랑해도 갈등을 잘 다루지 못하면, 그로 인해 결혼 생활은 무너질 수 있습니다. 대화는 사랑과 갈등이라는 결혼 생활의 핵심 요소를 붙잡고 있는 서까래 같은 역할을 합니다. 대화를 잘하는 사람은 사랑을 표현하고 갈등을 다루는 일을 다 잘할 수 있습니다.

대화의 기술

대화가 결혼 관계의 거의 전부라 해도 과언은 아닙니다. 대화는 이름이나 호칭 부르기, 인사, 가족 안부 묻기처럼 짧게 오가는 말부터 두세 시간 이상 이어지는 심각한 소통까지 포함합니다. 건강한 부부는 어떤 형식의 대화든 많이 하는 부부입니다. 부부는 사소한 일부터 집안 대사까지 모든 것을 대화의 주제로 삼아야 하고, 무엇보다 서로에 대해 궁금해하면서 묻고 답해야 합니다. 요즘 무슨 생각을 자주 하는지, 지난 한 주간 주로 느낀 감정은 무엇인지, 어떤 생각을 할 때 가장 기쁜지 등을 물어보고 알고 싶어 해야 합니다. 그럴 때 부부는 점점 더 친해질 수 있습니다.

    대화 기술의 기본은 듣기와 말하기입니다. 부부는 이 두 가지를 다 잘해야 하며, 균형 있게 해야 합니다. 좋은 대화법은 자신이 말하고 싶은 것을 분명하게 전달하면서, 상대방의 말에 전심으로 귀를 기울이는 것입니다. 먼저 '듣기' 방법부터 배워 봅시다.

① 듣기
부부가 대화를 잘하려면 두 사람이 비슷한 분량으로 말하고 듣는 것이

> 3부
> 6주
> 2일

좋습니다. 기분 좋게 시작한 대화가 싸움으로 변하는 이유는, 부부가 둘 다, 또는 한 사람이 자기 말만 중요하게 생각하고 상대방 말을 잘 듣지 않기 때문입니다. 대화하다가 싸우지 않으려면 배우자가 하는 말을 중요하게 생각하고, 배우자 말을 집중해서 잘 들으면 됩니다. 안 싸우기 위해서만이 아니라 마음이 통하는 부부가 되려면 서로의 말을 잘 들어야 합니다.

상대방 말을 듣는 것은 아무것도 하지 않는 수동적 행동이 아닙니다. 겉보기와 달리 듣기는 매우 적극적인 행동이며, 상대방에게 수많은 긍정적 메시지를 전할 수 있습니다. 상대방 말을 듣는다는 것은 자기 생각을 내려놓고, 상대방 마음으로 다가가서, 인내심을 가지고, 상대방 생각과 느낌을 이해하려고 애쓰는 것입니다.

그러므로 잘 듣는 것(계속 연습해야 잘할 수 있습니다)에는 다른 어떤 놀라운 조언보다 상대방을 치유하고 격려하는 힘이 있습니다. 잘 듣는 것이야말로 상대방을 있는 그대로 인정하고 존중하는 것이기 때문입니다. 야고보서 1장 19-20절을 찾아보세요.

누구든지 _____, _____, 노하기도 ____
_____. 노하는 사람은 하나님의 의를 이루지 못하기 때문입니다.

배우자의 말을 잘 들으려면 참을성이 있어야 합니다. 그리고 자기 머리가 아니라 상대방 마음에 초점을 맞추려고 해야 합니다. 또 중간중간에 잘 듣고 있다고 표시하는 것이 좋습니다. 고개를 끄덕이거나, "그랬겠군요. 맞아, 그렇게 생각할 수 있겠네요. 그런 느낌이 들 수 있죠"라고 장단을 맞추거나, 더 말할 수 있도록 기다리는 것도 좋습니다. 배우자가 말을 다 하기도 전에 끼어들거나, 조언하거나, 생각이나 감정을 수정하려고 덤비지 말아야 합니다. 잘 들으려면 말을 많이 하지 말고 기다려야 합니다. 겉으로 말을 하지 않을

뿐 아니라 속으로도 자기 말을 하지 않는 것이 좋습니다. 그래야 배우자가 자신이 하고 싶을 말을 충분히, 최대한 많이 할 수 있습니다.

② 말하기
부부는 각자에 관해 할 수 있는 한 서로 말을 많이 해야 합니다. 그래서 활기차고 친해 보이는 부부는 말이 많습니다. 말을 많이 하면 때로 부작용이 생기기도 하지요. 서로의 말을 오해하거나 싸우기도 합니다. 그럴지라도 말을 많이 하는 것이 건강하고 행복한 부부가 되는 비결입니다.

    부부는 크게 두 가지 목적으로 대화를 합니다.
    1) 자기 생각이나 느낌을 상대방에게 알려 주기 위해(자기표현)
    2) 함께 결정해야 할 문제에 대해 자기 의견을 주장하고 결론을 내기 위해(자기주장)

회사에서 회의할 때는 주로 두 번째 대화가 이루어지지만, 부부는 첫 번째 대화를 더 많이 해야 합니다. 부부가 함께 어떤 문제를 풀어야 할 때도, 서둘러 결정하지 말고, 먼저 충분히 시간을 들여서 그 문제에 관한 서로의 생각과 느낌을 충분히 이야기해야 합니다.
    말하기 기술의 핵심은 '솔직하게'와 '부드럽게'입니다. 자기 생각과 느낌을 솔직하고 정직하게 말해야 합니다. 폴 투르니에는 "사람들은 상대방을 솔직하게 대하지 않아야 사랑이 지속된다고 생각하며, 정직하지 않아야 사랑이 이루어진다고 생각한다. 하지만 그 반대다"라고 했습니다. 그런데 많은 부부가 이런 대화를 어려워합니다. 자기 마음을 정직하게 보여 주는 것은 고난도 대화 기술입니다. 정직하게 말해도 결혼 관계가 깨지지 않고 오히려 더 친밀해진다는 믿음이 있어야 그렇게 할 수 있습니다.

3부
6주
2일

정직하고 솔직하게 말하기에 덧붙여 한 가지 더 꼭 기억하고 실천해야 하는 대화 기술은 말하려는 내용과 상관없이 언제나 '부드럽게' 말하는 것입니다. 부부의 대화 방식을 오랫동안 연구한 존 고트만은 "모든 대화는 시작이 중요하다"라고 지적합니다. 부드럽게 시작한 대화는 부드럽게 끝나기 쉽고, 화를 내거나 언성을 높여서 시작한 대화는 분노로 끝나기 쉽습니다. 마음속 하고 싶은 말을 충분히 하면서, 말의 어조를 부드럽게 하는 것이 제일 좋은 대화 방법입니다.

오늘의 과제 자신의 듣기 습관과 말하기 습관을 돌아보고, 좋은 대화 습관을 개발하기 위해 버려야 할 대화 습관과 연습해야 할 대화 습관을 구체적으로 적어 보세요.

1. 잘 듣기 위해

2. 잘 말하기 위해

6주. 사랑하고 섬기는 부부

1일. 부부의 영적 연합

2일. 대화를 통한 연합

3일. 갈등을 넘어선 연합

4일. 성을 통한 부부의 연합

날짜

(3부) **잠시 생각해 보기**

(6주) 자신과 남편의 다른 점 세 가지만 적어 보세요.

(3일)

부부 갈등에 대한 사실

많은 사람이 행복한 부부는 싸우지 않고 언제나 마음이 잘 맞는다고 생각합니다. 그러나 길게 이어지는 모든 인간관계는 갈등을 겪습니다. 그러므로 부부 사이에도 당연히 갈등이 있습니다. 부부가 싸우는 이유는 서로 다르기 때문입니다. 사랑에 빠졌을 때는 알아차리지 못하거나 별로 거슬리지 않았던 차이가 결혼하고 함께 살면서는 둘을 불편하게 합니다. 그래서 차이를 없애고 배우자를 자신이 바라는 대로 고치기 위해 싸웁니다.

결혼 초기에 부부가 자주 싸우는 이유는, 그렇게 싸우면 문제가 해결되리라 생각하기 때문입니다. 그런데 신혼기에 드러난 갈등 요인은 빨리 해결되지 않을뿐더러 그중 일부는 죽을 때까지도 없어지지 않습니다. 그런 갈등 요인을 '도저히 풀리지 않는 문제'라고 부릅니다. 부부 관계 전문가 존 고트만은 풀리지 않는 문제 중 69퍼센트가량은 싸우든 싸우지 않든 죽을 때까지 풀리지 않는다고 말합니다. 이 말은 아무리 노력해도 배우자를 내가 바라는 대로 바꾸기는 어렵다는 말입니다.

부부 갈등과 관련해 제일 중요한 사실은 **'풀리지 않는 문제'로 가끔**

싸운다고 하더라도 행복한 결혼 생활을 할 수 있다는 것입니다. 행복한 부부는 갈등을 부정하지 않습니다. 그들은 받아들이기 어려운 성향이 서로에게 있다는 사실을 인정하고, 69퍼센트에 포함되는 문제로 갈등이 생기려고 할 때 감정이 격해지지 않도록 서로 말을 조심해서 할 줄 압니다. 해결되지 않는 문제로 부부 관계를 불필요하게 악화시키지 않습니다. 그리고 싸움이 격해지려고 할 때 대화를 중단하고 즉시 화해를 시도합니다.

어떤 부부도 다툼을 좋아하지는 않습니다. 그러나 갈등이 나쁜 것만은 아닙니다. 결혼 생활에서 갈등은 위기, 곧 '위험한 기회'입니다. 갈등을 잘 다루면 그로 인해 부부는 더 깊은 신뢰와 친밀감을 만들어 갑니다. 화를 내고 싸운 후에도 서로를 떠나지 않고 관계를 회복하면, 결혼이 언약에 기초한 관계라는 사실을 확인하게 됩니다. 그래서 부부 관계는 갈등을 통과하면서 더욱 견고하고 친밀해지는데, 이를 '갈등 친밀감'이라고 부릅니다.

마지막으로 부부 갈등은 영적 성장에 유익한 역할을 하기도 합니다. 부부는 서로 싸우면서 내면에 숨어 있던 자기 중심성, 이기심, 교만, 열등감, 시기심, 정욕, 탐욕, 나태, 불안 같은 죄성과 미성숙함을 발견합니다. 결혼 관계처럼 가깝지 않으면 몰랐을 죄성이 갈등을 통해 드러나고 변화할 필요를 알아차리게 됩니다. 부부가 서로 달라서 갈등이 생기지만, 갈등을 일으키는 더 근원적 이유는 이기심과 죄성이기 때문입니다.

갈등을 다루는 법

그러므로 갈등이 생길 때 회피하지 말아야 합니다. 갈등을 다루는 제일 나쁜 방법이 피하는 것입니다. '내가 좀 참으면 되겠지, 별거 아니야. 가정이 안 시끄럽고 평화로운 게 제일 중요하지' 같은 생각으로 갈등을 피하면, 나중에 더 큰 대가를 치러야 할지 모릅니다. 갈등을 숨기거나 피하면 서로에게 솔직할 수 없고, 관계를 조작하게 됩니다. 물론 화를 내거나 공격적인 말로 자신만 옳다고 말하면서 배우자를 몰아붙이는 것도 잘못된 방법입니다.
갈등을 다루는 가장 좋은 방법은 부부가 서로 하고 싶은 말을 솔직하게 하되, 부드럽게 하는 것입니다.

갈등을 잘 다루는 사람은 갈등을 감지할 때, 자기 생각과 감정을 정직하게 관찰하고, 동시에 상대방 생각과 감정 또한 관찰할 줄 압니다. 그리고 갈등 상황에서 치미는 화를 완전히 피하기는 어렵지만, 화를 내려는 마음을 최대한 다스리며 부드러운 표정과 말투로 말할 수 있습니다. 또한 싸우는 이유를 설명할 줄 알고, 싸우는 그 문제에 관해서만 이야기하며, 상대방이 그 문제에 관해 충분히 생각하고 말하도록 기다려 줍니다.

갈등 시소 대화법

갈등을 잘 다루기란 언제나 어렵습니다. 화가 나는 감정을 조절하면서 하고 싶은 말을 솔직하게 하는 대화를 돕기 위해 '갈등 시소 대화법'을 제안합니다. 이 대화 방식은 갈등이 생기는 상황이나 문제에 대해 부부가 시소를 타듯이 번갈아 말하고 듣는 방식입니다. 쉽게 해결되지 않고 되풀이되는 심각한 문제가 있다면, 갈등 시소 대화법을 연습해 보세요.

1. 갈등 대화를 나눌 시간과 장소를 정하세요.

2. 갈등 시소 대화법의 목적은 부부가 자신이 하고 싶은 말을 서로 충분히 하는 것입니다. 그로 인해 서로를 더 잘 이해하게 됩니다.

3. 먼저 한 사람이 타이머로 시간을 맞춰 놓고(3-5분) 그 시간 안에 갈등을 일으키는 문제에 관한 자기 생각과 느낌을 말합니다. 할 말이 생각나지 않으면 말하지 않고 침묵해도 괜찮습니다. 그러나 시간이 다

지날 때까지 상대 배우자는 말을 하지 않고 기다려 줍니다.

4. 발언권을 가진 배우자는 갈등 대화를 부드러운 표정과 말투로 시작하세요. 그리고 그 분위기를 계속 유지하면서 말합니다.

5. 자기주장이 아니라 자기 생각과 느낌(자기표현)을 말합니다.

6. 생각과 느낌을 말할 때, 배우자를 비난하는 말(유 메시지, you message)이 아니라, 자신이 어떻게 생각하고 느끼는지(아이 메시지, I message) 말하도록 하세요. 예를 들면, "당신은 왜 필요하지도 않은 것에 돈을 써? 돈이 남아돌아요?", "오늘도 늦게 오면서 연락도 안 하고, 제발 좀 미리 연락하라고 했는데 내 말을 무시해" 같은 표현은 상대를 주어로 하면서 비난하는 '유 메시지'입니다. 앞의 말을 '아이 메시지'로 하면, "돈을 아껴 써야 한다고 생각하는데, 비싼 물건을 사는 것을 보면 우리 미래가 불안하게 느껴져요", "늦게 오면서 전화를 해 주지 않으면, 내가 당신에게 별로 중요한 사람이 아닌 것 같아서 마음이 서운해요"와 같이 말할 수 있습니다.

7. 한 배우자가 정한 시간 동안 말을 다 했으면, 다른 배우자가 같은 시간 동안, 같은 방식으로 하고 싶은 말을 합니다. 이렇게 네다섯 번 시소를 타듯이 대화를 나눕니다.

8. 갈등을 잘 다루려면 분노 같은 부정적 감정을 조절할 수 있어야 합니다. 그러나 갈등 시소 대화를 하다가 점점 격해지는 감정을 느끼면 '타임아웃'을 외치세요. 그리고 서로 잠시 떨어져서 산책하거나

3부
6주
3일

심호흡하면서 마음을 가라앉히려고 해 보세요. 그런 다음에 다시 시간과 장소를 정해서 갈등 시소 대화를 해 보세요.

지혜롭게 대화하는 방법을 가르치는 성경 말씀입니다. 자신에게 필요한 구절에 표시해 보세요.

잠언 16장 23절

마음이 지혜로운 사람은 말을 _____ 하고, 하는 말에 설득력이 있다.

잠언 14장 29절

좀처럼 _____ 사람은 매우 명철한 사람이지만, _____ 사람은 어리석음만을 드러낸다.

고린도전서 13장 5절

사랑은 _____, 자기의 이익을 구하지 않으며, 성을 내지 않으며, _____ 품지 않습니다.

오늘의 과제

1. 남편과 갈등이 생길 때, 자신이 가장 자주 보이는 반응은 무엇입니까?

2. 그런 방식으로 반응하는 이유가 무엇인지 생각해 보고 적어 보세요.

3. 갈등을 다루는 방식에서 잘하고 있는 점과 고쳐야 할 점을 적어 보세요.

잘하고 있는 점

고쳐야 할 점

6주. 사랑하고 섬기는 부부

1일. 부부의 영적 연합

2일. 대화를 통한 연합

3일. 갈등을 넘어선 연합

4일. 성을 통한 부부의 연합

날짜

3부 **잠시 생각해 보기**

6주
4일 성(sex)이라고 하면 떠오르는 생각을 적고 그 이유를 생각해 보세요. (사랑, 신비, 쾌락, 만족, 즐거움, 노동, 두려움, 욕구 불만, 귀찮음, 관심 없음, 고통…)

성의 의미

하나님께서는 인간을 성적 존재로 창조하시고, 결혼한 두 사람이 성관계를 통해 하나 됨을 누리도록 하셨습니다. 하나님의 첫 번째 주례사를 다시 읽어 보세요.

창세기 2장 24절
그러므로 남자는 아버지와 어머니를 떠나, 아내와 결합하여 _____을 이루는 것이다.

에베소서 5장 31절
그러므로 사람이 부모를 떠나 자기 아내와 합하여 그 둘이 _____이 되는 것입니다.

이 한 구절 안에 결혼이 무엇이고, 성이 무엇인지에 대한 답이 함께 들어 있습니다. 성은 결혼과 함께 시작된 것으로, 부부가 한 몸이 되었음을 보여 주기 위해 하나님께서 고안한 방법입니다. 부부의 성적 결합은 단순한 즐거움 이상으로, 두 사람은 글자 그대로 '하나'로 결합합니다. 그러므로 부부는 성적 결합을 통해 정서적이고 정신적인 친밀감을 강력하게 경험합니다.

    결혼 생활에서 성은 매우 중요한 의미를 지니며, 부부가 사랑을 나누는 가장 효율적인 방법입니다. 성관계는 부부가 서로 사랑을 표현하기 위해 하는 그 어떤 행동보다 부부를 더 활기차고 친밀하게 만들어 줍니다. 부부들이 많이 하는 질문 중 하나는 '얼마나 자주 성관계하는 것이 정상인가요?'입니다. 정답은 없습니다. 그러나 다수 연구에 의하면, 성관계를 자주 하는 부부가 삶에 대한 행복감이 전반적으로 높고, 관계에 대한 만족도도 높다고 합니다. 그러니까 한 달에 한 번 성관계하는 부부보다 일주일에 한 번 하는 부부가 더 행복하고 친밀할 가능성이 크다는 말입니다. 또한 성관계를 자주 하는 부부일수록 배우자의 긍정적인 면을 더 잘 알아차리고, 부정적인 면은 덜 알아차리게 됩니다. 성관계가 부부 관계에 긍정적인 역할을 하는 이유는 만족할 만한 성관계를 하면 두 사람이 강하게 연결되었다고 느끼고, 그때 느꼈던 만족감이 48시간 이상 이어지기 때문이라고 합니다.

    성관계는 남성과 여성의 정체성 확립에도 긍정적 역할을 합니다. 결혼 생활에서 성적으로 충족되었다고 느낄 때, 남편과 아내는 남성 됨과 여성 됨에 대한 건강한 자존감이 생깁니다. 특히 여성이 임신과 출산을 통해 여성성을 강하게 경험한다면, 임신과 출산을 할 수 없는 남성은 성관계를 통해 성 정체성을 확인합니다. 그러므로 부부 사이에 성적 갈등이 있을 때는 남편이 남성 정체성의 위기를 더 쉽게 겪을 수 있습니다.

    마지막으로 부부 사이에 성적 만족을 누릴 때 음행을 예방하는 효과가 생깁니다. 그래서 바울 사도는 고린도전서 7장 2-4절에서 이렇게 말합니다.

> 3부
> 6주
> 4일

그러나 _____ 때문에, 남자는 저마다 자기 아내를 두고, 여자도 저마다 자기 남편을 두도록 하십시오. 남편은 아내에게 _____를 다하고, 아내도 그와 같이 남편에게 _____를 다하도록 하십시오. _____ 마음대로 주장하지 못하고, _____ 주장합니다. 마찬가지로, _____ 마음대로 주장하지 못하고, _____.

이 구절이 쓰일 당시 사람들은 성관계의 주된 목적을 자손을 잇는 것으로 생각했습니다. 그런데 바울은 그리스도인 부부에게 서로의 성적 욕구를 채워 줘야 하는 의무가 있다고 말합니다. 결혼한 부부가 성적 만족을 누리려는 것은 부끄럽거나 죄를 짓는 것이 아니라, 오히려 서로에게 요구하고 주장할 수 있는 것이라고 말합니다. 성이란 상대방을 지배하기 위한 수단이 아니며, 좋은 행동에 대한 보상도 아닙니다. 남편과 아내는 육체에 대한 책임이 서로 있으므로 아무 대가 없이 성적 즐거움을 동등하게 주고받아야 할 의무가 있습니다. 그렇게 할 때, 음행에 빠지지 않도록 서로를 지켜 줄 수 있습니다.

여성의 성과 남성의 성

지금은 성 의식이 많이 바뀌었지만, 성관계를 즐길 줄 아는 여성은 여전히 많지 않은 것 같습니다. 물론 여기서 여성은 결혼한 여성을 말합니다. 그래서 남편은 성관계에 적극적인 반면, 아내는 남편이 요구할 때 남편의 욕구를 채워 주기 위해 응하는 경우가 많습니다. 성적 쾌락은 하나님께서 부부에게 주신 복인데도 불구하고, 결혼 후에 부부가 성적 만족을 충분히 누리지 못하는 이유는 많은 아내가 성관계에 적극적이지 않기 때문인 것 같습니다. 대다수 여성이 자기 몸에 대해서도, 성관계에 대해서도 제대로 질문해 보지 않고 결혼 생활을 합니다. 더군다나 교회의 성교육이 혼전순결만 강조하고 별다른 정보를 주지 않는 경향이 있어서 여성은 물론이고 교회 내 남성 또한 자기 몸에 대해 무지할 때가 많습니다. 하지만 성관계란 그냥 잘할 수 있는 것이 아니라, 다른 중요한 것들처럼 탐구하고 배워야 잘할 수 있습니다.

많은 여성이 자신의 성적 경험에 관해 이야기하는 것을 불편해합니다. 육체보다는 정신적 측면이 인간관계에서 더 중요하다고 생각하고 싶어 합니다. 그래서 아내는 대화를 좋아하고, 남편은 성관계를 더 좋아한다고 말하기도 합니다. 실제로 대화와 성관계를 물물교환하듯 맞교환하는 부부도 있다고 합니다. 또한 여성은 커들링(껴안고 쓰다듬는 것)을 더 좋아하고, 남성은 삽입과 오르가슴을 더 좋아한다고 말하기도 합니다. 그러나 이 모든 말은 사실이 아닙니다. 하지만 사실이 무엇이든, 성관계는 부부가 서로를 배려하며 하는 것이며, 또한 수동적으로 해 주는 것이 아니라 '내가 하는 것'이어야 합니다. 성관계는 말 그대로 한 남자와 한 여자의 '관계'를 의미합니다. 그 관계는 동등한 것이며, 즐거움을 함께 주고받는 것이어야 합니다. 그러므로 남성뿐 아니라 여성도 성관계에 대해 적극적으로 알아야 하며, 주체적으로 즐기려고 하는 것이 좋습니다. 그렇게 할 때 부부가 함께 신체적인 즐거움을 마음껏 누릴 수 있습니다.

대다수 남성이 평생 성욕에 압도되어 살아간다는 말이 있습니다. 많은 남자가 자주 성관계에 대해 생각하고, 또한 자주 성관계하기를 원합니다. 만약 당신의 남편이 평균적인 남성이라면 당신의 생각 이상으로 자주 성관계를 하기 원할 것입니다. 특히 사랑의 언어가 신체 접촉인 사람은 성관계와 그 전후 신체 접촉을 통해서 친밀감과 사랑을 경험합니다. 이들은 성적 접촉이 없는 사랑을 잘 믿지 못하고, 성관계를 사랑을 나누고 사랑을 확인하는 가장 확실한 길로 생각합니다. 이들은 성관계를 원할 때 훨씬 더 다정하게 행동하는 듯 보일 수 있습니다. 그래서 상대방은 그가 진짜 사랑을 하는 것이 아니라 성관계를 위해 사랑하는 척한다고 생각할 수도 있습니다.

(3부)
(6주)
(4일)

그러나 이들은 그런 척하는 게 아니라 실제로 성관계를 하면서 사랑을 하고 사랑의 감정이 강화됩니다. 사랑은 다양한 방식으로 주고받을 수 있으며, 성관계가 그 방법이 되는 것은 잘못이 아닙니다. 성관계는 부부만이 누릴 수 있는 충만한 사랑의 방식입니다.

결혼이라는 긴 여정 동안 부부가 함께 성적 만족을 누리고 싶다면, 결혼 초기부터 남편과 아내가 함께 즐기는 성생활을 배워 가야 합니다. 남성과 여성의 일반적 성적 차이에 대해 알아 가며, 서로의 몸이 어떻게 작동하는지 배워야 합니다. 서로의 성적 욕구와 필요에 대해, 그리고 서로가 느끼는 성과 관련한 어려움에 대해 알려고 해야 합니다. 참고 도서를 읽고 필요하다면 동영상을 참조하며, 또 무엇보다 자신과 배우자의 몸에 대해 배우고 연구해야 합니다.

오늘의 과제

1. 성생활에 어려움이 있다면 이유가 무엇인지 생각해 보세요.

2. 여성의 성에 대해 어떻게 생각하는지 적어 보세요.

3. 자신이 성관계에 대해 얼마나 만족하거나 불만족하는지, 그 이유가 무엇인지 생각해 보세요.

4. 남편은 성관계에서 얼마나 만족하거나 불만족하는지, 그 이유가 무엇인지 물어 보세요.

5. 남편과 성적 친밀감을 누리기 위해 무엇을 해야 할지 생각해 보세요.

4부. 부모로 살기

7주. 자녀 양육의 기초

8주. 부모의 사명과 역할

7주. 자녀 양육의 기초

1일. 성경적 자녀관 1

2일. 성경적 자녀관 2

3일. 성경이 가르치는 양육

4일. 함께하는 자녀 양육

날짜

4부 **잠시 생각해 보기**

7주 내 자녀는 (   )이다.

1일 괄호 안을 채워 보세요.

엄마들이 자녀 양육과 관련해서 하는 질문은 대개 '어떻게'입니다. "아이가 밥을 잘 안 먹는데 어떻게 해야 하나요?" "아이가 유치원에 가기 싫어하는데 어떻게 해야 하나요?" "어떻게 하면 화내지 않고 훈육할 수 있을까요?" "조기 교육은 언제 어떻게 시작해야 하나요?" 그런데 자녀 양육을 잘하려면 '어떻게' 전에 자녀가 '누구'인지를 먼저 물어야 합니다. 첫째가 태어난 후 한참 동안 아이의 존재가 너무 신기해서 '도대체 이 아이는 어디서 왔을까?'라고 질문해 보지 않았나요? 그 질문을 다시 해 보면서 답을 찾아보도록 합시다. 성경은 아이들이 어디에서 왔고, 어떤 존재인지 알려 줍니다. 성경 말씀 안에서 하나님의 관점으로 본 자녀관을 다시 확인해 봅시다.

아이는 하나님의 것

하나님께서 아이들을 직접 만드시고 태어나게 하셨습니다. 하나님이 아이들의 창조주시며, 아버지시며, 주인이십니다.

시편 139편 13, 15절

주님께서 내 장기를 창조하시고, 내 모태에서 _____
_____.…은밀한 곳에서 _____, 땅 속 깊은 곳 같은 저
모태에서 _____, 내 뼈 하나하나도, 주님 앞에서는 숨길 수
없습니다.

이사야 66장 9절
"바로 내가 _____, 어찌 내가 아이를 낳게 할
수 없겠느냐?"

시편 127편 3절
자식은 _____이요, 태 안에 들어있는 열매는, _____
이다.

자녀 양육을 잘하려면 부모가 이 관점을 분명하게 이해하고, 자녀 양육의 기초로 삼아야 합니다. 부모가 아이를 자기 것으로 생각할 때, 자녀 양육은 어려워집니다. 옛날에 할머니들은 손자가 너무 이뻐서 "내 강아지, 내 새끼"라고 부르곤 하셨지요. 오늘날에는 이렇게까지 대놓고 말하지는 않더라도 많은 부모가 자식을 자기 것으로 생각합니다. 특히 엄마는, 자기 몸속에 거의 열 달간 품고 있었고, 목숨을 건 진통을 견디고 낳았고, 이후에도 자기를 희생하며 아이를 돌봤기 때문에, 자식에 대한 특별한 권리가 있다고 생각하기 쉽습니다. 부모가 자녀를 낳고 기르는 것은 맞습니다. 그러나 부모가 그렇게 하는 이유는 자녀가 자기 것이라서 아니라, 하나님에게서 자녀를 위탁받았기 때문입니다.

부모가 이 관점에서 아이를 대하기 시작하면, 마음에 평안과 자신감이 생깁니다. 반면, 아이는 부모의 것이며, 아이의 성장은 전적으로 부모에게

달렸다고 믿으면, 그 책임이 버거울 수밖에 없습니다. 자녀를 기르는 엄마들이 가장 자주 마주하는 정서가 불안감입니다. 많은 엄마들에게서 발견되는 자녀 양육의 추동력은 불안감입니다. 아이가 잘못될까 봐, 다른 아이들보다 뒤처질까 봐, 엄마 아빠의 부정적인 면을 닮을까 봐, 여러 염려를 껴안고 불안해하면서 맘카페를 찾아보고, 양육 도서를 읽고, 그러고는 아이에게 이것저것 시킵니다.

그러나 자녀는 원래 하나님 소유이며 하나님께서 맡기신 것이라고 믿으면, 불안감이나 욕심에서 벗어나 사랑으로 기를 수 있습니다. 하나님이 아이에게 갖고 계신 특별한 계획을 찾으려 하고, 하나님이 그렇게 키워 가실 것을 믿으며, 하나님과 동역하는 자세로 성실하게 자녀를 양육하려고 할 것입니다. 그렇게 되면, 아이가 한두 번 잘못할 때도 마음이 조급해지지 않고 참고 기다리면서 잘 자랄 것이라고 믿을 수 있습니다. 하나님 마음으로 하나님과 함께 기르면 아이는 결국 하나님께서 만드신 대로 건강하게 자랄 것입니다.

아이는 유일무이한 존재

당신의 아이는 창세 후에 태어난 수많은 사람과 60억 명이 넘는 현재 인구 중에서도 유일한 존재입니다. 그리고 생명의 창조주이자 예술가이신 하나님께서 직접 손으로 빚으신 하나님의 작품입니다. 시편 139편 13-14절을 개역한글판 성경으로 다시 한번 읽어 보세요.

_____ 내 장부를 _____ 나의 모태에서 나를 _____
내가 주께 감사하오움은 _____. 주의 행사가
기이함을 내 영혼이 잘 아나이다. (성경전서 개역한글판)

신묘막측하게 지으셨다는 말은 '지으심이 유별스럽다, 말할 수 없이 빼어나다, 어느 한 부분도 평범하게 만들지 않으셨다'라는 뜻입니다. 하나님께서 한 아이 한 아이 만드실 때마다 각각 다른 성격과 재능을 부어 주셨습니다. 그러므로 어떤 아이도 다른 아이들과 비교하면 안 됩니다. 유대인들은 아이들이 각자 타고난 개성을 개발하고 발전시키는 것을 중요하게 여기며, 한 부모에게서 난 형제자매조차 비교하지 않는다고 합니다. 부모는 마음속 말로라도 자녀를 다른 아이와 비교하면 안 됩니다. 하나님의 창조 의도를 부정하는 것이기 때문입니다. 비교하는 마음이 들 때마다 하나님의 관점으로 아이를 바라보려고 해 보세요. 그리고 하나님께서 그 아이에게 주신 개성과 유일성을 찾으려고 해 보세요. 특히 아이가 어릴 때 가까이에서 지켜보면서 적극적으로 찾아보세요.

오늘의 과제   1. 지금까지 어떤 자녀관으로 자녀들을 대해 왔는지, 엄마로서 정직하게 돌아보며 자신의 자녀관을 적어 보세요.

2. 오늘 읽은 내용을 기초로 하여 성경적 자녀관을 자신의 말로 적어 보세요.

7주. 자녀 양육의 기초

1일. 성경적 자녀관 1

2일. **성경적 자녀관 2**

3일. 성경이 가르치는 양육

4일. 함께하는 자녀 양육

날짜

> **4부** **잠시 생각해 보기**
> **7주** 당신은 당신의 부모에게 어떤 자녀였습니까?
> **2일**

어제 생각해 보았던 성경적 자녀관을 오늘도 계속 살펴봅시다.

아이는 하나님 형상을 지닌 인격적 존재

아이들이 인격적 존재라는 말은, 아이들도 어른들처럼 신체적·정서적·정신적·지적·영적으로 채워져야 하는 욕구와 필요가 있다는 뜻입니다. 기본적으로 아이들은 생존을 위한 신체적 필요가 채워져야 합니다. 그래서 엄마들은 아이를 먹이고 입히고 씻기고 재우는 데 시간과 에너지를 가장 많이 씁니다. 또한 아이들은 두려운 상황을 피하고 안정과 평안을 느끼려는 욕구가 있습니다. 집은 아이들에게 물리적 안정감뿐 아니라 정서적 평안함을 주어야 합니다. 어떤 아이에게는 어린이집이나 놀이터가 처음으로 위협감을 느끼는 장소일 수 있습니다. 그런 아이에게 가정은 자신감과 평안함을 회복하는 곳이 되어야 합니다. 마지막으로 아이들이 필요로 하는 것은 조건 없는 사랑과 관심입니다. 아이들이 부모와 안정적인 애착 관계를 형성할 때 하나님께서 만드신 모습대로 자기 자신을 꽃피워 낼 수 있습니다.

　기본 욕구가 해결되면 다음 단계로 넘어가는데, 아이들은 중요한 존재로 인정받고 싶어 합니다. 아이들에게도 이런 고차원의 욕구가 있다는 사실은 최근에야 밝혀졌습니다. '어린이'라는 말은 원래 '어리다', 곧 '어리석다'라는 말에서 파생했습니다. 옛날 사람들은 아이들이 어리석고, 아는 것이 없고, 판단력이 부족하다고 여겨서 아이들 의견을 존중하지 않았습니다. 아이들이 인격적 존재로 인정받은 것은 19세기 이후부터입니다. 인격적 존재라는 말에는 아이들도 어른들처럼 '스스로 생각하고 판단하고 선택할 수 있는 존재'라는 뜻이 포함되어 있습니다.

그런데 아이를 인격적 존재로 여기지 못하는 부모가 여전히 많습니다. 부모는 자녀보다 먼저 살아 봤기 때문에 무엇이든 자녀보다 더 잘 안다고 생각합니다. 그래서 미리 계획하고 준비해서 자녀가 어려움을 겪지 않고 좋은 것만 누리게 하려고 애를 씁니다. 그런데 어떤 이유에서건 부모가 아이를 대신해서 모든 것을 선택하고 결정해 주는 것은 좋은 양육 방법이 아닙니다.(스스로 선택하고 결정하지 않아서 실패한 적 없는, 과보호를 받고 자란 아이들이 20대가 되어서 원인을 찾기 어려운 우울증을 겪는 경우가 많다고 합니다.)

아이들은 자기 생각을 표현하고 스스로 선택하고 결정하기를 좋아하며, 실수와 실패를 통해서 배우고 성장합니다. 두 살 생일을 기점으로 아이들은 "내가 할 거야"라는 말을 입에 달고 삽니다. 인간이 스스로 선택하기를 좋아하는 존재임을 보여 주는 증거입니다. 물론 아이들 말을 무조건 다 들어줘야 한다는 것은 아닙니다. 무엇이 옳은지 그른지, 어느 쪽이 더 좋은 길인지 계속해서 가르쳐 주어야 합니다. 아이들을 인격적 존재로 대한다는 것은, 아이들이 하는 말을 귀 기울여 듣고, 아이들이 무엇을 원하는지, 그 이유는 무엇인지 이해하려고 노력하는 것입니다. 그렇게 부모가 자녀를 믿어 주려고 할 때, 자녀 또한 건강한 자신감과 자존감을 형성하며 성장할 수 있습니다.

4부 **아이는 하나님을 사랑할 수 있는 영적 존재**

7주
2일

성경에서 아이들을 가장 사랑하는 분은 예수님입니다. 아이들이 예수님 가까이 오자 제자들이 막았는데, 이때 예수님이 제자들을 꾸짖으셨습니다. 그러고는 아이들을 가까이 부르셔서 껴안고 축복하셨습니다. 마가복음 10장 14-15절을 찾아보세요.

> "어린이들이 내게 오는 것을 허락하고, 막지 말아라. 하나님 나라는 _____의 것이다. 내가 진정으로 너희에게 말한다. 누구든지 _____ 않는 사람은 거기에 들어가지 못할 것이다."

예수님 당시 어린이는 가정에서나 사회에서나 아무런 권리 없이 무조건 어른에게 복종해야 하는 존재였습니다. 예수님의 말씀은 어린이처럼 낮고 미천하며 권리가 없는 자가 되어 하나님 나라를 은혜로 받아들여야 그 나라에 들어갈 수 있다는 뜻입니다. 또한 이 말씀은 부모들에게 복음 전수에 대한 자신감을 심어 줍니다. 아이들은 부모가 생각한 것보다 하나님에 대해 훨씬 더 잘 배울 수 있습니다. 어른들처럼 의심하거나 질문하지 않고, 하나님에 대해 가르쳐 주는 대로 순전한 마음으로 받아들일 줄 아는 존재입니다.

아이는 죄성을 안고 태어난 존재

아이들이 "죄 중에 태어났다"라는 말의 영적 의미를 정확히 이해하기는 어렵지만, 성경은 분명히 그렇다고 말합니다. 모든 인간은 죄 중에 잉태되고, 죄의 영향력 아래에서 태어납니다.

시편 51편 5절

실로, 나는 _____ 태어났고, 어머니의 _____ 죄인이었습니다.

잠언 22장 15절

_____에는 _____이 얽혀 있으나, 훈계의 매가 그것을 멀리 쫓아낸다.

그래서 특히 잠언은 아이에게 옳은 것과 그른 것을 가르치고, 때로는 매를 들어서라도 훈계해야 한다고 말합니다. 한 유치원 원장님은 부모를 '어른 죄인', 아이들을 '꼬마 죄인'이라고 부르더군요. 해맑은 아이의 표정 너머에 있는 꼬마 죄인의 이기심을 보는 것은 참 슬픈 일입니다. 그러나 부모는 아이가 하나님의 형상으로 지어진 특별한 존재지만, 동시에 자기 중심성을 지닌 존재라는 사실을 통합적으로 이해해야 합니다. 그래서 부모는 아이에게 하나님이 보시기에 옳은 것과 그른 것이 무엇인지를 가르쳐야 하며, 하나님의 원리가 몸과 마음에 심기도록 도와주어야 합니다. 아이를 조건 없이 사랑하되, 행동에는 한계를 정해 주고, 그렇게 자라도록 훈련하고 훈육해야 합니다.

오늘의 과제 1. 오늘 읽은 내용을 기초로 성경적 자녀관을 자신의 말로 적어 보세요.

2. 지금까지 가지고 있었던 자녀관과 성경적 자녀관이 어떻게 같고 다른지 적어 보세요.

7주. 자녀 양육의 기초

1일. 성경적 자녀관 1

2일. 성경적 자녀관 2

3일. 성경이 가르치는 양육

4일. 함께하는 자녀 양육

날짜

4부 **잠시 생각해 보기**

7주
3일
자녀가 20대가 되었을 때, 어떤 사람으로 자라 있기를 기대하시나요. 한번 상상해 보세요.

자녀 양육의 목표

어떤 일을 새로 시작할 때는 먼저 목표를 세웁니다. 그래야 그 목표를 이루기 위해 무엇을 해야 하는지 구체적으로 실행 계획을 세울 수 있습니다. 아이를 낳고 기를 때도 먼저 목표를 정한 후에 그 목표에 맞추어 일관성 있게 양육하는 것이 바람직합니다. 대다수 부모가 자녀 양육의 목표 없이 그날그날 해야 하는 일을 하면서 아이들이 그냥 잘 자라 주기를 기대합니다. 또는 미디어에 등장하거나 잘 컸다는 주변 아이 모습을 목표로 삼기도 합니다. 그렇다면 그리스도인 부모에게 자녀 양육의 목표는 무엇일까요?

하나님 나라 신앙을 전수하는 것입니다. 신앙을 전수한다는 것은 주일 예배에 빠지지 않게 하고 큐티 하는 법을 가르치는 등 좁은 의미의 신앙 행위를 가르치는 것만이 아닙니다. 물론 그것들도 가르쳐야 합니다. 하지만 신앙의 전수는 자녀가 하나님을 알고 사랑하며 예수 그리스도를 닮은 사람으로 자라게 하는 것입니다. 자녀에게 어떻게 신앙을 전수할지는 다음 주에 자세히 살펴보려고 합니다.

그런데 부모가 자녀에게 신앙을 전수하려면 먼저 해야 할 일이 있습니다. 부모가 예수님을 닮은 사람으로 성장해 가는 것입니다. 매우 당연한 말 같지만, 이것이 얼마나 중요한지 부모들이 잘 모르는 것 같습니다. 거창고등학교 전성은 선생님은 부모들이 왜 자녀를 잘 키우는 방법에 대해서만 질문하고 자기 자신의 성장과 성숙에 관한 질문은 하지 않는지 의아하다고 했습니다. 그리고 자녀를 잘 키우는 방법에 대해서는 "부모가 잘 살면 됩니다"라고 대답했다고 합니다.

《엄마 먼저》에서는 초반에 좋은 엄마를, "하나님과 인격적 관계를 누리며, 자기 자신을 사랑하고, (남편을 사랑하고 섬기며), 자녀를 사랑으로 양육하고, 하나님의 세상을 경영하는 사람이며, 이 모든 영역에서 균형 있게 성장해 가는 사람"이라고 정의했습니다. 자녀 양육의 비법은 엄마가 먼저 예수님을 닮은 사람으로 자라 가면서, 자녀에게 따라오도록 본보기가 되어 주는 것입니다.

성경적 양육관

성경은 자녀 양육과 관련해서 부모에게 무슨 명령을 할까요? 하나님께서 구약성경과 신약성경에서 부모들에게 하신 명령을 모두 모아서 핵심만 뽑으면 두 명령으로 정리할 수 있습니다. 하나는 자녀 양육의 목표라고 했던, 하나님 나라 신앙을 전수하라는 것이고, 또 다른 하나는 자녀를 노엽게 하지 말라는 것입니다. 자녀 양육에 관한 두 핵심 가르침을 구약성경과 신약성경에서 한 구절씩 찾아보세요.

신명기 4장 9-10절

당신들은 오로지 삼가 조심하여, 당신들의 눈으로 본 것들을 _____ 정성을 기울여 지키고, 평생 동안 당신들의 _____ _____ 하십시오. 또한 그것을 _____.

(4부) (7주) (3일)

당신들이 호렙산에서 당신들의 하나님이신 주님 앞에 섰던 날에, 주님께서 나에게 말씀하셨습니다. '이 백성을 나에게로 불러 모아라. 내가 그들에게 나의 말을 들려 주어서, 그들이 이 땅에서 사는 동안에 _____, 또 이것을 _____ _____ 한다.'

에베소서 6장 4절

또 아버지 된 이 여러분, 여러분의 자녀를 노엽게 하지 말고, _____.

하나님께서 이스라엘 백성에게 명령하신 것은 부모가 먼저 하나님 경외하는 법을 배우고, 그다음에 자녀에게 가르치라는 것입니다. 훈련과 훈계는 하나님의 말씀을 가르치는 또 다른 방법입니다. 그러니까 신·구약성경을 통해 하나님께서 부모에게 주신 명령 가운데 하나는 하나님을 가르치라는 것입니다.

그런데 하나님께서는 그 일을 부모에게만 떠맡긴 게 아니라, 하나님께서 친히 그 일을 함께하겠다고 약속하셨습니다. 신앙 전수를 어렵게 느끼는 부모들에게 큰 용기를 주는 약속의 말씀입니다.

히브리서 10장 16절

주님께서 말씀하신다. '그날 이후에, 내가 그들에게 세워 줄 언약은 이것이다. 나는 내 율법을 _____ _____.'

이사야 54장 13절

나 주가 너의 _____, 너의 아이들은 번영과 평화를 누릴 것이다.

자녀를 노엽게 하지 말라

신약성경에는 자녀 양육에 관한 말씀이 많지 않습니다. 그럼에도 바울 사도가 두 번씩이나 언급한 가르침이 있는데, 자녀를 노엽게 하지 말라는 것입니다. 자녀 양육과 관련해서 가장 자주 언급되는 구절인 에베소서 6장 4절을 찾아보세요.

또 아버지 된 이 여러분, _____, 주님의 훈련과 훈계로 기르십시오.

골로새서 3장 21절도 비슷한 말씀입니다.

어버이 된 여러분, 여러분의 자녀들을 _____ 하지 마십시오. 그들의 의기를 꺾지 않아야 합니다.

이 두 구절을 여러 번역으로 읽어 보면, "자녀를 호되게 꾸짖거나 못살게 굴어서 자녀 마음에 상처를 입히고, 감정을 건드려 화나게 하지 마십시오. 그렇게 하면 자녀의 기가 꺾이게 됩니다"라는 요지의 말씀입니다. 자녀를 양육할 때 부모가 가장 주의해야 하는 것이 감정적으로 상처를 입히고 자녀를 화나게 하는 것입니다.

부모가 어떻게 아이들을 화나게 하는지 생각해 볼까요? 우선 부모가 자녀를 훈육할 때, 감정을 다스리지 못하고 화를 내면서 과하게 혼내면 아이 마음이 상합니다. 하나님께서는 부모에게 자녀를 훈육하라고 하셨습니다.

(4부) (7주) (3일)

그러나 아이를 잘 가르치기 위해 훈육하는 것이 아니라, 아이의 말은 들어 보지도 않고 일방적으로 혼내거나, 끊임없이 잔소리하거나, 하지 말아야 할 것과 해야 할 것에 대해 충분히 설명해 주지 않고 잘못을 지적할 때, 아이 마음에는 분노가 생길 수 있습니다. 부모가 아이에게 비현실적인 목표와 경쟁을 강요하거나, 아이가 잘할 때만 조건적으로 사랑하거나, 아이의 노력을 인정해 주지 않거나, 다른 아이들과 비교할 때 아이에게는 화가 쌓입니다. 또한 부모가 자녀의 이야기를 잘 들어 주지 않거나, 자녀의 필요와 욕구를 채워 주는 데 지속적으로 실패하면 자녀의 마음은 상합니다.

부모가 이 같은 행동을 하면 아이는 본능적으로 부모의 행동을 부당하다고 느끼고 분노합니다. 사춘기가 되면 부모에게 자기 생각과 감정을 직접 표현하기 시작하지만, 영유아들은 자기 생각과 느낌을 잘 이해하기 어렵기 때문에 여러 가지 다른 태도로 자신의 감정을 표현합니다. 그러므로 부모는 아이의 말을 잘 들어 주고 아이 행동을 살펴보면서, 혹시 자신의 양육 태도가 아이의 마음을 상하게 한다고 생각되면 바로잡아야 합니다.

오늘의 과제

1. 자녀 양육은 부모가 먼저 성장하려고 할 때 가장 효과적입니다. 올 한 해 자녀 양육의 목표를 부모의 성장 목표와 자녀의 성장 목표로 나눠서 생각해 보세요.

　◦ 엄마의 성장 목표

　◦ 아빠의 성장 목표

　◦ 자녀의 성장 목표

2. 자녀를 노엽게 하지 말라는 말씀을 읽을 때 어떤 생각이 들었는지 나눠 보세요. 그리고 혹시 아이 마음속에 해소되지 않은 분노가 있는지 생각해 보고, 자신의 양육 태도를 돌아봅시다.

7주.   자녀 양육의 기초

1일.   성경적 자녀관 1

2일.   성경적 자녀관 2

3일.   성경이 가르치는 양육

4일.   함께하는 자녀 양육

날짜

4부 / 7주 / 4일 — 잠시 생각해 보기

자녀 양육에 대해 질문이 생길 때 누구에게 도움을 받고 있나요?

"애 보느니 밭맨다"라는 옛말이 있습니다. "애 볼래? 일할래?"라고 물으면 백 명 중 아흔아홉은 일하겠다고 답하지 않을까요? 자녀 돌봄이 그만큼 어렵습니다. 이 말에 쉽게 고개가 끄덕여지지요? 아이 키우는 일이 이렇게 힘든지 왜 아무도 말해 주지 않았지, 싶어서 야속한 적도 있었을 것입니다. 그런데 자녀 양육은 힘든 일인 동시에 매우 중요한 일입니다. 하나님께서 하나님 나라를 확장해 가는 방법이며, 아이들은 우리의 미래이기도 합니다. 그러므로 힘들면서 동시에 중요한 이 자녀 양육을 혼자 하려고 하지 말고 함께해야 합니다. 하나님과 함께하고, 아빠와 엄마가 부모로서 동역하고, 또한 공동체 안에서 함께해야 합니다.

하나님과 함께

자녀 양육은 하나님과 함께, 하나님께 의지하며 하는 것입니다. 무엇보다 지혜와 사랑에 관해서 하나님께 의지해 보세요. 자녀 양육에 필요한 두 가지가 바로 그것입니다. 아이가 태어난 후부터 매 순간 부모는 자녀를 어떻게 길러야 할지 고민하며 지혜가 부족하다고 느낍니다. 그래서 맘카페에도 가입하고, 초록창에서 검색도 하고, 자녀 양육 도서도 주문합니다. 맘카페 육아 동기와 전문가들이 전해 주는 지식도 도움이 됩니다. 그러나 그에 앞서 하나님께 어려운 점을 여쭤 보고 도움을 구해 보세요. 잠시 조용한 곳으로 가서 눈을 감고 "하나님, 아이에게 자꾸 화를 냅니다. 어떻게 해야 아이를 온유하게 기를 수 있는지 가르쳐 주세요"라고 여쭙고, 하나님께서 무엇이라고 말씀하시는지 기다려 보세요. 이렇게 중대한 문제뿐만 아니라 어떤 어려움이든 하나님께 지혜를 구하고 얻을 수 있습니다.

지혜와 함께 자녀 양육에 꼭 필요한 또 하나가 사랑입니다. 부모가 자녀에게 줄 수 있는 가장 귀한 것이 조건 없는 사랑입니다. 엄마가 자녀 양육을 위해 애쓰는 모든 것은 사랑에서 나와야 합니다. 그런데 사랑은 엄마 속에서 생성되지 않습니다. 모성애는 죄성에 오염되기 십상이고, 아이를 조건 없는 사랑으로 기른다는 것이 얼마나 어려운지는 아이를 키우는 엄마라면 쉽게 깨닫게 됩니다. 사랑은 하나님에게서 나옵니다. 요한1서 4장 10-11절을 찾아보세요.

_____, 곧 우리가 하나님을 사랑한 것이 아니라, _____, _____ 우리의 죄를 위하여 화목제물이 되게 하신 것입니다. 사랑하는 여러분, 하나님께서 _____하셨으니, 우리도 서로 사랑해야 합니다.

사랑은 우리 안에서 생겨나는 것이 아니며, 모성애도 마찬가지입니다. 온전한 사랑은 하나님에게서 나옵니다. 자녀 양육에서 이것만큼 중요한 진리는 없습니다. 아이를 기르다가 자꾸 화가 나고, 아이들이 사랑스러워 보이지 않는다면, 자신의 의지로 사랑하려고 하지 말고 먼저 하나님을 바라보세요.

(4부) (7주) (4일) 그리고 하나님의 관점으로 엄마 자신을 바라보면서, 하나님께서 예수 그리스도 안에서 아무런 조건 없이 자신을 사랑하신다는 사실을 믿음의 눈으로 보세요. 엄마 자신이 하나님의 사랑을 받는 자라는 사실이 믿어지는 만큼 아이들이 사랑스럽게 보이기 시작할 것입니다.

부부가 함께

이전 세대에서는 아이가 태어난 후에 부부가 각자의 역할에 적응하는 것이 어렵지 않았습니다. 아빠는 바깥일을 하면서 가족의 생계를 책임졌고, 엄마는 전업주부로서 아이들을 돌봤습니다. 그러나 이제는 엄마가 자녀 양육을 전적으로 책임지는 소위 독박 육아는 바람직하지 않게 여겨지며, 부모가 함께 양육해야 한다는 생각으로 바뀌고 있습니다. 이런 변화에 적응하지 못하고 아내에게 과도하게 육아 책임을 전가하는 가정에서는 부부 갈등이 자주 생깁니다.

아이의 출생 후에 부부 갈등이 잦아지는 또 다른 이유가 있습니다. 자녀 양육 방식에 관한 부부의 생각이 다를 때 갈등이 생깁니다. 강도와 빈도 차이일 뿐 많은 부부가 자녀 양육에 대한 견해 차이로 갈등합니다. 부부는 다른 양육 문화에서 자랐으며, 성격도 가치관도 조금씩 다르므로, 자녀를 기르는 방식에 대해서도 의견이 다를 수밖에 없습니다. 그래서 어떤 부부는 이런 갈등을 피하려고 한 배우자에게 양육 주도권을 넘겨주고 다른 배우자는 관망하는 자세를 취합니다.

그러나 부모는 어떤 상황에서도 자녀를 함께 양육해야 하며, 한 배우자가 양육을 전담해서는 안 됩니다. 남편이 재정적 책임을 지며 직장 생활을 하고 아내가 육아를 도맡을 때도 아빠는 할 수 있는 만큼 자녀 양육에 참여해야 합니다. 부부는 삶의 모든 영역에서 한 몸으로 함께해야 하며, 자녀 양육 또한 부부가 함께할수록 자녀들이 엄마 아빠 모두와 좋은 관계를 형성하게 됩니다. 자녀 양육을 잘하지 못하는 남편에게 화를 내기보다는, 아빠로서 역할을 잘해 내도록 격려하고 지지하는 것이 좋습니다. 물론 부부가 협력해서 부모 역할을 잘해 내기란 쉽지 않습니다. 혼자 하는 것이 덜 피곤하고, 더 효율적이라는 생각마저 듭니다. 그러나 장기적으로 보면, 육아 초기에 싸우더라도 부부가 서로 대화하면서 자녀 양육에 관해 함께 배워 가는 것이 건강한 가정의 초석을 놓는 길입니다.

부부가 함께 자녀 양육을 하려면 육아 초기에 자녀 양육에 관해 '100분 토론'을 적어도 서너 번은 해야 합니다. 가장 먼저 대화할 주제는 아빠와 엄마의 역할입니다. 아빠는 돈을 벌고 엄마는 밥을 하는 것이 좋다는 데 두 사람 다 동의했다면, 독박 육아라는 표현은 나오지 않았을 것입니다. 자녀 양육을 위한 두 사람의 역할이 무엇인지 최대한 구체적으로 대화하면, 부모로서 각자 맡을 책임과 역할에 대해서 장기적인 그림을 그릴 수 있습니다.

그다음 대화해야 할 주제는 양육 태도와 교육 방법입니다. 특히 훈육 방법에 대해 구체적으로 이야기 나누고 미리 합의해야 효과적인 훈육이 가능합니다. 또한 신앙 전수와 교육 목표에 관해서도 깊이 있는 대화를 나눠야 합니다. 부모가 함께 신앙 전수에 참여하고, 한글이나 다른 언어를 가르치는 방식에 대해서도 부부가 터놓고 대화해야 합니다. 자녀 양육과 관련해서 중요한 질문을 던지고, 서로의 생각을 비판 없이 들어 주며, 또 자기 생각을 충분히 이야기하는 것이 자녀 양육을 함께해 나가는 첫걸음입니다. 그렇게 서로의 생각을 들어 보며, 때로는 자기 생각을 주장하고 때로는 양보하면서 양육 목표와 양육 방법을 조율할 수 있으면, 그때부터는 함께하는 양육을 훨씬 수월하게 해낼 수 있습니다.

(4부) **공동체와 함께**

(7주)
(4일) "한 아이를 키우려면 온 마을이 필요하다"라는 아프리카 속담이 있습니다. 자녀 양육의 1차 책임은 부모에게 있지만, 자녀는 공동체 안에서, 공동체와 함께, 공동체로 양육할 때 건강하게 자랄 수 있습니다. 아이들은 원래 공동체 안에서 태어나서 자랐습니다. 예전에 아이들은 부모와 형제뿐 아니라, 할아버지와 할머니를 포함한 확대 가족, 그리고 그 너머 마을 공동체 안에서 자랐습니다. 그런데 오늘날 육아 책임은 오롯이 부모가 맡고, 그나마 어떤 가정은 엄마가 독박 육아를 할 수밖에 없는 상황입니다.

이제 공동체가 함께하는 자녀 양육의 회복이 절실하게 필요합니다. 하나님께서 원래 계획하셨던 대로 부모가 아이를 기르려면 공동체의 지혜와 분별이 필요합니다. 공동체와 함께하면, 하나님을 경외하고 이웃을 사랑하는 아이로 기를 지혜도 얻고, 자녀 교육마저도 이기적이고 경쟁적인 세상 풍조에 대항할 힘도 공동체 안에서 얻을 수 있습니다. 또한 공동체와 함께 사는 생활을 통해서 이웃을 사랑하고 이웃과 함께하는 삶을 당연한 것으로 받아들일 수 있습니다. 아이들은 공동체 안에서 사랑과 섬김을 개념으로 배우는 게 아니라 실제로 터득합니다. 이런 공동체가 없는 부부는 정기적으로 만나 마음을 나누며 함께 성장하는 공동체를 찾으면 좋겠습니다. 공동체가 함께하는 양육이 부부 홀로 아이를 키우는 것보다 훨씬 좋습니다.

오늘의 과제 자녀 양육은 혼자가 아니라 함께하는 것입니다. 어떻게 하면 함께하는 양육을 더 잘 할 수 있을지 생각해 보고, 구체적인 방법을 적어 보세요.

1. 하나님과 함께

2. 부부가 함께

3. 공동체와 함께

8주. 부모의 사명과 역할

1일. 자녀 사랑하기의 실제

2일. 하나님 나라 신앙 전수

3일. 신앙 전수의 실제

4일. 훈육의 목적과 방법

날짜

4부 잠시 생각해 보기

8주 엄마가 자녀를 위해 해야 하는 일 중에 가장 중요한 것은 무엇일까요?

1일

지난주에 자녀 양육의 목표는 하나님 나라 복음을 전수하는 것이며, 그래서 아이들이 예수님을 닮은 사람으로 성장하는 것이라고 했습니다. 이제 그 목표를 이루기 위해 구체적으로 무엇을 해야 하는지 알아보겠습니다. 부모의 구체적인 역할은 이렇게 요약할 수 있습니다.

① 조건 없는 사랑
② 신앙 전수
③ 성품 형성을 위한 훈육

이제 하나씩 살펴보겠습니다.

조건 없는 사랑

부모가 자녀에게 주어야 하는 것은 많지만, 그중 가장 중요한 것은 조건 없는 사랑입니다. 사랑은 부모가 자녀를 위해 해야 하는 일의 전부라고 해도 과언이 아닙니다. 부모가 아이를 위해 하는 모든 일은 사랑으로 하는 것이자, 사랑해서 하는 것이어야 합니다. 이 말에 반박하는 부모는 없을 테고, 모든 부모가 아이를 사랑으로 키운다고 말할 것입니다. 그런데 진정으로 사랑하기란 그리 쉽지 않습니다. 사실 사람은 타인을 아무런 조건 없이 사랑할 수 없습니다. 그 대상이 자기 자녀일지라도 마찬가지입니다. 지난주에 하나님과 함께하는 자녀 양육에서 배웠던 내용을 다시 한번 생각해 보겠습니다. 너무나 중요한 원리이기 때문입니다.

사랑은 하나님에게서 나오는 것입니다. 아이를 향한 사랑은 엄마가 만들어 내려고 하지 않아도 됩니다. 사랑은 하나님을 바라볼 때 알게 됩니다. 하나님께서 예수 그리스도 안에서, 예수 그리스도를 통해서 우리를 아무런 조건 없이 사랑하셨습니다. 그 사랑을 알게 되면, 자기 자신을 그렇게 사랑할 수 있고, 또 주위 사람들을 그렇게 사랑할 수 있습니다. 자녀를 아무런 조건 없이 사랑할 힘은 예수 그리스도로 인해 부어 주시는 하나님의 조건 없는 사랑에서 얻을 수 있습니다.

또한 하나님께서 우리를 사랑하시는 방식을 알게 되면, 그 방식으로 아이를 사랑할 수 있습니다. 하나님의 사랑은 성실하고, 오래 참고, 헌신적이고, 실제적입니다. 이렇게 하나님의 방식으로 사랑할 때, 부모도 아이를 사랑한다고 말할 수 있고, 자녀도 그 사랑을 경험하여 커서도 "우리 엄마는 나를 사랑해요"라고 진심으로 말할 수 있습니다. 그렇다면 부모도 자기에게서 흘러나가는 사랑을 느끼고, 자녀도 그 사랑을 느끼게 하려면 어떻게 사랑해야 할까요?

자녀 사랑과 관련해서 도움이 되는 개념은 게리 채프먼이 《5가지 사랑의 언어》에서 말한 '감정 탱크'(emotional tank)입니다. 아이 마음에는 감정 탱크가 있는데, 그 탱크는 사랑, 분노, 슬픔, 수치심과 같은 감정으로 채워진다는 것입니다. 아이가 부모의 사랑을 진정으로 느낄 때, 아이의 감정 탱크는 사랑으로 채워집니다. 게리 채프먼은 사랑의 게이지를 높이는

(4부)
(8주)

방법으로 다섯 가지를 제안합니다.

(1일) **자녀를 사랑하는 실제적인 방법**

① 신체 접촉

구약성경에는 하나님께서 이스라엘 백성을 안아 주시고 업고 다니신다는 표현이 자주 나옵니다. 예수님은 아이들을 가까이 부르셔서 껴안고 쓰다듬고 손을 얹어 축복하셨습니다. 부부도 서로 안고 쓰다듬으면서 사랑을 표현하지만, 영유아에게 사랑을 전하는 가장 기본적인 방법이 껴안아 주는 것입니다. 아이는 엄마와 거의 열 달간 한 몸이었기 때문에 엄마와 몸이 닿을 때 사랑과 안정감을 느낍니다. 안아 주기, 업어 주기, 뽀뽀하기, 쓰다듬기, 손잡기, 손발 주무르기 등 엄마의 손길을 느낄 수 있는 모든 방법을 동원해서 아이 마음의 탱크를 사랑으로 채워 주세요. 하루에 8-12회 정도 사랑의 스킨십을 하면 효과가 극대화된다고 합니다.

② 긍정적인 말

엄마가 아이에게 하는 모든 긍정적인 말이 아이 마음에 있는 사랑의 게이지를 높입니다. 아이에게 자주 사랑한다고 말해 주세요. 사랑을 표현하는 말뿐 아니라, 칭찬하고 격려하는 말, 고맙다는 말, 미안하다는 말, 인정하는 말, 그 모두가 아이를 긍정적인 말로 사랑하는 방법입니다.

- 사랑해.
- 엄마 부탁을 들어줘서 고마워.
- 하기 싫었을 텐데 양치하다니 자랑스러운 걸.
- 너와 함께 있어서 엄마가 너무 기쁘고 즐거워.
- 친구와 싸워서 마음이 많이 상했겠구나.

· 엄마가 큰 소리로 말해서 미안해.

엄마가 아이에게 긍정적인 말을 하는 것도 중요하지만, 아이의 말을 잘 듣는 것도 사랑의 탱크를 채우는 중요한 방법입니다. 아이가 어떤 생각과 감정을 표출하든 그대로 들어 주고 인정하는 것입니다. "그게 아니야"라고 말하기 전에 "네 마음이 그렇구나"라고 인정해 주면, 아이 마음은 편안해지고 자신감을 갖습니다.

③ 함께하는 시간
다수의 설문 조사 결과에서 알 수 있듯이 아이들 생각에 좋은 부모 1위는 "자기 말을 잘 들어 주는 부모"이며, 2위는 "함께 시간을 보내는 부모"입니다. 삼위 하나님이 우리를 사랑하시는 방식도 함께하는 것입니다. 마태복음 1장 23절을 읽고 묵상해 보세요.

"보아라, 동정녀가 잉태하여 아들을 낳을 것이니, 그의 이름을 _____이라고 할 것이다" 하신 말씀을 이루려고 하신 것이다.
(임마누엘은 번역하면 '하나님이 _____'는 뜻이다.)

요한복음 14장 16절은 성령께서 우리와 함께 계신다고 말합니다.

내가 아버지께 구하겠다. 그리하면 아버지께서 다른 보혜사를 너희에게 보내셔서, 영원히 _____ 하실 것이다.

부모의 사랑을 느끼게 하는 방법으로 자녀에게 선물을 사 주거나 여러 가지 배울 기회를 만들어 주는 것도 좋지만, 더 좋은 방법은 아이와 함께 시간을 보내는 것입니다. 특히 영유아에게는 함께 놀아 주는 것이 가장 좋습니다. 프뢰벨은 "놀이는 유년기의 가장 순수하고 영적인 인간 활동이다"라고 했습니다. 놀이는 단지 시간을 흘려보내는 행위가 아니라, 아이의 전인적 성장 발달에 꼭 필요한 행위입니다. 부모가 아이와 함께 놀아 주면, 아이는 그 시간이 즐거울 뿐 아니라, 자신이 부모에게 중요한 존재이며 사랑받고 있다는 느낌을 받습니다. 그리고 놀이는 아이의 뇌 발달에 다른 어떤 학습법보다 긍정적인 효과를 미친다고 합니다.

④ 선물
선물이 사랑의 언어가 될 수 있는 이유는 아이에게 '엄마가 너를 사랑하고, 너를 생각하고 있어'라는 메시지를 전해 주기 때문입니다. 비싼 물건을 사 주거나 아이가 원하는 것이면 무엇이든 다 사 주라는 말이 아닙니다. 작은 것이라도 그 물건을 통해 엄마의 마음을 아이에게 전할 수 있다면 선물은 사랑의 표현이 될 수 있습니다.

⑤ 봉사
제 아이들이 어릴 때 "엄마가 어떻게 해 줄 때 엄마의 사랑을 느끼니?"라고 물어본 적이 있습니다. 세 아이의 답이 다 달랐습니다. 첫째는 엄마가 안아 줄 때, 둘째는 엄마가 맛있는 것 해 줄 때, 그리고 셋째는 엄마가 자기 말을 들어 줄 때라고 답했습니다. 며칠 전에 둘째인 딸에게 같은 질문을 해 보았는데, 엄마가 맛있는 것 해 줄 때라고 같은 답을 하더군요. 마침 그때 배가 고파서 그랬는지 모르지만, 어릴 적부터 제 딸의 사랑의 언어는 봉사였던 것 같습니다. 아이들이 해야 하는 일을 대신해 주는 것은 사랑이 아니지만, 아이들에게 필요한 것을 채워 주기 위해 엄마가 애쓰는 모습을 보며 아이들은 사랑을 느낄 수 있습니다.

오늘의 과제 아이에게 사랑을 표현하고 사랑으로 아이의 감정 탱크를 채우기 위해 무엇을 하면 좋을지 생각해 보고 적어 보세요. 개리 채프먼의 《5가지 사랑의 언어》 중에서 특히 신체 접촉, 긍정적인 말, 함께하는 시간에서 힌트를 찾아보세요.

8주. 부모의 사명과 역할

1일. 자녀 사랑하기의 실제

2일. 하나님 나라 신앙 전수

3일. 신앙 전수의 실제

4일. 훈육의 목적과 방법

날짜

4부 **잠시 생각해 보기**

8주
2일
엄마가 자녀를 위해 해야 하는 일 중에 가장 중요한 것은 무엇일까요?

하나님께서 부모에게 명하신 단 한 가지 사명은 자녀에게 하나님 나라 신앙을 전수하라는 것입니다. 부모가 자녀에게 구체적으로 무엇을, 어떻게 전해야 하는지 생각해 봅시다.

무엇을 전해야 할까요

① 하나님
하나님께서 온 우주의 주인이시며, 아이를 만드신 분이며, 온 세상의 찬양과 예배를 받으셔야 하는 분임을 알려 주어야 합니다. 이로써 아이 마음에는 하나님을 경외하는 마음이 자라납니다.

② 하나님 나라 복음
복음은 하나님께서 예수 그리스도를 통해 이루신 일입니다. 예수님께서 이 땅에 오셔서 죽고 부활하셨으며, 예수님을 믿는 사람은 누구나 하나님을 아빠 아버지로 부를 수 있다고 알려 주어야 합니다. 예수님이 온 세상의 구원자시자 우리의 구원자시며, 하나님 나라를 시작하셨고 완성하실

분이라는 사실을 말해 주어야 합니다.

③ 우리의 정체성
하나님께서 예수 그리스도 안에서 이루신 일로 인해서 우리의 정체성이 바뀌었다는 사실을 알려 주어야 합니다. 아이가 어릴 적부터 하나님의 자녀라는 자기 정체성을 분명히 알면, 자신을 소중히 여기고 다른 사람을 존중하는 사람으로 자랄 수 있습니다.

④ 하나님의 명령
하나님께서 명령하신 바가 무엇인지를 정확히 전해서 아이들이 예수 그리스도 안에서 주어진 정체성에 걸맞게 행동하며 살아가도록 가르쳐 주어야 합니다. 유대인들이 자녀 교육의 핵심 구절로 여기는 쉐마 구절을 읽어 보십시오.

신명기 6장 4-7절
이스라엘은 들으십시오. 주님은 우리의 하나님이시요, 주님은 오직 한 분뿐이십니다. 당신들은 마음을 다하고 뜻을 다하고 힘을 다하여, 주 당신들의 하나님을 사랑하십시오. 내가 오늘 당신들에게 명하는 이 말씀을 마음에 새기고, _____, 집에 앉아 있을 때나 길을 갈 때나, 누워 있을 때나 일어나 있을 때나, _____.

언제든지 가르치라는 말씀은 말로 가르칠 뿐 아니라, 일상의 모습으로 본을 보이며 가르치라는 뜻입니다. 그래서 자녀 양육은 자녀를 성장하게 할 뿐 아니라, 부모도 함께 성장하는 기회가 됩니다.

4부 어떻게 전해야 할까요

8주 2일

① 선포하십시오

'선포하다'라는 말은 '널리 펼쳐서 알린다'라는 뜻입니다. 어떤 사실을 공식적으로 세상에 알리되, 그 사실을 확신해서 명확하고 진지하게 (자랑스럽게 찬사를 보내며) 말하는 것입니다. 아이에게 하나님에 대해, 예수님에 대해, 성령님의 인도하심에 대해 말해 주고, 삼위 하나님이 어떤 분이신지, 어떤 일을 하셨는지 이야기해 주세요. 매일 밤 자기 전에 성경을 읽어 주고, 성경 이야기에 나오는 하나님에 대해 엄마가 믿는 바를 설명해 주는 것이 제일 좋은 방법입니다.

② 질문에 답해 주세요

아이는 부모가 생각한 것보다 훨씬 더 영적입니다. 부모가 알려 주는 하나님에 대해 잘 배울 뿐 아니라, 하나님이 하신 일에 대해 많이 묻습니다. 어른은 생각하기 어려운 질문도 하고, 때로는 엄마가 당연하다고 여기는 것에 관해서도 심오한 질문을 던져서 당황하게 만듭니다. "교회 가서 전도사님께 여쭤 봐"라고 하거나 대충 얼버무리지 말고, 엄마도 아이와 함께 배우겠다는 마음으로 들어 주면 좋습니다. "좋은 질문이구나. 그렇게 생각할 수도 있겠다"라고 말한 후 진지하게 답하거나, 답하기 어려울 때는 "좋은 질문인데, 엄마가 좀 더 공부해서 다음에 알려 줄게"라고 말한 후 답을 준비해서 다시 대화를 나누면 좋습니다. 이와 관련한 성경 말씀을 찾아보세요.

신명기 6장 20-21절

나중에 당신들의 자녀가, 주 당신들의 하나님이 당신들에게 명하신 훈령과 규례와 법도가 무엇이냐고 당신들에게 묻거든,

당신들의 자녀에게 _____.

베드로전서 3장 15-16절

다만 여러분의 마음 속에 그리스도를 주님으로 모시고 거룩하게 대하십시오. 여러분이 가진 희망을 설명하여 주기를 바라는 사람에게는, 언제나 _____ 를 해 두십시오. 그러나 _____ 답변하십시오. 선한 양심을 가지십시오.

③ 자세히 가르쳐서 순종하게 하세요

아이에게 하나님 말씀을 자세히 가르쳐서 따르도록 해야 합니다. 이를 위해 자녀를 훈련하고 훈육해야 합니다. 믿음은 순종을 통해 자라고, 말씀을 배우는 궁극적 목적은 하나님을 사랑하기 위한 것입니다. 하나님을 사랑하는 것과 하나님의 말씀에 순종하는 것은 같은 것입니다. 아이들은 하나님의 말씀에 순종하는 것을 배우면서 하나님을 사랑하는 법을 배우게 됩니다.

신명기 10장 12-13절

지금 주 당신들의 하나님이 당신들에게 원하시는 것이 무엇인지 아십니까? 주 당신들의 하나님을 경외하며, 그의 모든 길을 따르며, 그를 사랑하며, 마음을 다하고 정성을 다하여 주 당신들의 하나님을 섬기며, 당신들이 _____ 내가 오늘 당신들에게 명하는 주 당신들의 하나님의 명령과 규례를 _____?

오늘의 과제　자녀에게 하나님 나라 복음을 전수하기 위해 부모가 무엇을 어떻게 해야 하는지 자신의 말로 설명해 보세요.

8주. 부모의 사명과 역할

1일. 자녀 사랑하기의 실제

2일. 하나님 나라 신앙 전수

3일. 신앙 전수의 실제

4일. 훈육의 목적과 방법

날짜

4부 8주 3일

잠시 생각해 보기

아이들이 하나님에 대해 질문한 것을 한 가지만 기억해서 적어 보세요.

연령대별 신앙 성장 지도

아이에게 신앙을 잘 전하기 위해서는 아이의 신앙이 연령대별로 어떻게 자라는지 '신앙 성장 지도'를 그려 보면 좋습니다. 영유아기는 하나님에 대한 믿음의 씨앗이 심기는 토양이 만들어지는 시기입니다. 신앙을 머리로 이해하고 믿는 시기가 아니라, 부모와의 애착 관계 안에서 사랑하는 엄마 아빠가 하나님을 믿는 모습을 보면서 하나님에 대한 기본적인 이미지를 그리기 시작하는 때입니다. 부모가 절대적 존재이기 때문에 부모의 신앙을 자신의 신앙으로 그대로 받아들이고 모방하는 시기이기도 합니다.

　영유아들은 이해력보다 상상력과 직관력이 매우 뛰어납니다. 그래서 하나님에 관한 이야기를 들으면 그 의미를 상상해 보고 직관적으로 이해합니다. 아이들은 어른들이 이해하기 어려운 신비한 방식으로 성경 말씀을 받아들일 수 있습니다. 이 시기를 지나 학령기가 되면 자신이 속한 교회 공동체의 신앙을 자신의 신앙으로 수용하기 시작합니다. 교회학교에서 예배 의식이나 찬양, 기도를 통해 배운 신앙을 자기 것으로 그대로 받아들이고, 이는 이후에 배울 하나님과 기독교 신앙의 밑바탕이 됩니다.

또한 성경 이야기를 실제 일어났던 사실로 받아들이고, 성경 이야기를 서로 연결해서 이해할 수 있게 됩니다.

청소년기는 그전까지 부모와 공동체를 통해 받아들였던 신앙에 의문을 제기하고 질문하기 시작하는 때입니다. 청소년들은 질문과 탐구 과정을 지나며 기독교 신앙을 자신의 신앙으로 받아들이는데, 이를 청소년기 회심이라고 합니다. 부모의 역할은 자녀의 신앙 성장 단계에 맞게 다양한 방식으로 성경을 가르치고, 청소년이 되었을 때 회심으로 이끌어 주는 것입니다.

영유아기 자녀에게 신앙을 전하는 구체적인 방법

① 성경 읽어 주기와 성경 스토리텔링

부모가 아이에게 하나님에 관해 알려 주기 가장 좋은 시간은 잠자기 전입니다. 대개 아이들은 빨리 잠자리에 들려 하지 않고, 침대에 누워서도 엄마와 같이 있으려 합니다. 아이가 잠자리에 들었을 때 성경을 읽어 주면, 아이가 수면 시간을 지키는 데 도움이 될 뿐 아니라, 엄마(또는 아빠)와 함께 있다가 잠들므로 사랑의 탱크도 채워집니다. 그러므로 자기 전 아이 머리맡에서 성경을 읽어 주세요. 아이에게 읽어 주는 성경이 꼭 어린이용일 필요는 없습니다. 아이는 부모가 생각하는 것보다 훨씬 더 성경을 잘 이해할 수 있습니다. 뛰어난 상상력과 직관력을 발휘해 부모가 생각하지 못하는 방식으로 성경을 알아듣습니다. 그러므로 부모가 읽는 성경을 그대로 읽어 주어도 좋습니다. 단 새번역성경이나 쉬운성경같이 현대 한국어로 번역된 성경을 추천합니다. 성경을 읽어 주다가 조금 잔인하거나 아이가 이해하기 어려운 부분이 나오면 그 부분은 건너뛰어도 괜찮습니다.

동화 구연이 가능한 부모라면 성경 이야기를 극화해서 들려주는 것도 좋은 방법입니다. 제가 어릴 때 엄마가 밤마다 성경 이야기를 재미있게

(4부) (8주) (3일)

들려주셨는데요. 저와 제 동생들이 눈을 반짝이며 엄마가 해 주시는 이야기를 들었던 기억이 납니다. 부모가 아이에게 성경 이야기를 들려준 후, 아이에게 그 이야기를 다시 해 달라고 하는 것도 좋습니다. 아이는 들은 이야기를 자기 말로 되풀이하면서 성경 이야기를 더 잘 기억하게 되며, 어휘력과 발표력도 키울 수 있습니다.

② 성경 이야기를 그림(성경 그림책 등)으로 보여 주기
상상력과 직관력이 최고조로 발달한 시기의 아이에게 그림은 굉장히 좋은 학습 도구입니다. 성경 이야기를 직접 그리게 하거나 상상하게 해도 좋고, 성경 이야기를 그린 미술 작품을 보여 줘도 좋습니다. 이때 아이들 머릿속에는 성경 이야기가 이미지로 각인됩니다. 교육학자인 샬롯 메이슨에 따르면, 아이들에게 훌륭한 그림을 보여 주는 것은 이야기를 기억하게 할 뿐 아니라, 미적 감각이나 자연 세계를 볼 때 풍요로움을 느끼는 능력을 키워 주는 효과도 있습니다. 인지 심리학자들에 따르면 동영상은 그림보다 상상력 발전에 도움이 되지 않는다고 합니다. 동영상을 틀어 놓고 보게 하는 것보다는 그림책을 보여 주며 읽어 주는 것을 추천합니다.

③ 질문하고 대답하기(하브루타)
아이들이 구체적인 사고가 가능해지는 나이가 되면, 성경 내용에 대해 질문하고 답하며 좀 더 깊이 탐구할 수 있습니다. 하브루타는 친구와 짝을 이루어 질문을 주고받으며 배우는 유대인의 교육 방식으로, 성경에도 등장합니다. 신명기 6장 7절을 다시 읽어 보세요.

> 네 자녀에게 부지런히 가르치며, 집에 앉았을 때에든지 길을 갈 때에든지 누워 있을 때에든지 일어날 때에든지 _____ 할

것이며(성경전서 개역개정판)

여기서 '강론'이라는 말은 질문하고 대답하고 토론한다는 뜻입니다. 성경 이야기를 들려준 후에 짧은 질문을 던지며 토론식으로 대화하면, 아이는 성경 이야기에 더 집중합니다. 그리고 성경을 자신과 관계가 있는 이야기라고 여깁니다. 누가복음 2장 46-47절에는 예수님이 열두 살쯤 되었을 때 랍비들과 하브루타를 하는 장면이 나옵니다.

> 그는 선생들 가운데 앉아서, _____
> 있었다. 그의 말을 듣고 있던 사람들은 모두 그의 슬기와 대답에 경탄하였다.

아이에게 성경을 한 구절 읽어 준 후 짧은 질문을 해 보세요. 처음에는 사실을 확인하는 방식으로 누가, 언제, 무엇을, 어떻게 했는지를 물어보고, 그러고 나서 "하나님께서 하신 일에 대해 너는 어떤 생각이 드니?", "너라면 그때 어떻게 행동했을까?" 같은 좀 더 깊은 질문을 해 보세요. 가끔 아이들은 엄마의 신앙 성장에도 도움이 되는, 놀랄 만한 답을 내놓습니다.

④ '리추얼'을 만들어 기억하기

리추얼(ritual)이란 같은 시간, 같은 장소에서 매일, 매주, 또는 매해 같은 행동을 되풀이하는 것입니다. 같은 행동을 여러 번 되풀이하면 아이는 그 행동에 의미를 부여합니다. 그러므로 각 가정에 맞는 신앙 리추얼을 만들어 실행하면 신앙 전수에 좋은 방법이 될 수 있습니다. 하나님도 이스라엘 백성이 하나님께서 하신 일을 기억하도록 절기와 리추얼을 만들라고 하셨습니다.

(4부)
(8주)
(3일)

꾸준히 실행하기 어렵고 복잡한 리추얼보다는 매일 같은 시간에 할 수 있는 간단한 리추얼을 만들어 보세요. '매일 잠자기 전' 성경 읽기처럼, 아침에 집을 나설 때, 집에 돌아왔을 때, 또는 매주 토요일 오전, 수요일 저녁도 좋습니다. 이처럼 같은 날 같은 시각에 잠시 멈춰 서서 하나님의 은혜를 기억하고 감사하는 것입니다. 또한 생일이나 기일, 결혼기념일처럼 특별한 날에 가족이 모두 모여서 하나님께서 한 해 동안 하신 일을 기억하고 감사 예배를 드리면, 아이는 하나님께서 삶 가운데 실제로 함께 계신다고 믿으며 자랍니다.

⑤ 행동으로 순종하면서 배우기

구약성경에는 믿음보다 순종이라는 말이 더 많이 나옵니다. 믿음은 말씀을 들을 때 생기며, 행동으로 순종할 때 강화됩니다. 믿음과 순종은 다른 말이 아닙니다. 아이의 신앙은 말과 감정과 행동, 이 세 가지가 다 함께 어우러져 통합되면서 형성됩니다. 말로 들은 것을 실천하고 행동하면서 하나님에 대한 지식이 자라 갑니다. 때로는 부모가 아이들이 하고 싶은 대로 행동하도록 내버려 두지 않고 하나님 말씀에 순종하도록 이끌 때, 아이는 하나님을 어떻게 경외하는지를 경험으로 배우게 됩니다.

오늘의 과제　　1. 지금까지 아이에게 하나님과 하나님 나라에 대해 무엇을 어떻게 가르쳤는지 생각해 보고 적어 보세요.

2. 앞서 적은 것에 더해서 지금부터 청소년기(회심할) 때까지 신앙을 어떻게 가르칠지, 신앙 전수 계획을 구체적으로 적어 보세요.

8주. 부모의 사명과 역할

1일. 자녀 사랑하기의 실제

2일. 하나님 나라 신앙 전수

3일. 신앙 전수의 실제

4일. 훈육의 목적과 방법

날짜

4부 **잠시 생각해 보기**

8주 자녀가 잘못된 행동을 할 때 어떻게 대응하는지 생각해 보세요.

4일

예수님 닮은 성품 형성을 위한 훈육

성경은 부모가 자녀를 양육할 때 반드시 훈육(discipline)해야 한다고 가르칩니다. 부모의 사명은 자녀들에게 하나님 나라 신앙을 전수하는 것인데, 크게 두 가지 방법으로 해야 합니다. 먼저 하나님과 하나님 나라 복음에 대해 선언적으로 가르치고(신앙 전수), 그다음 하나님의 자녀답게 행동하도록 가르쳐야(훈육) 합니다.

    대개는 아이가 두 살 생일을 기점으로 "싫어, 내가 할 거야. 내 거야, 엄마 하지 마"라고 외치기 시작합니다. 그러나 아이는 자기 행동이 바람직한지 아닌지 스스로 분별하는 지혜가 없습니다. 아이들은 자기 중심성을 지닌 채 태어나고, 또 그렇게 행동하기가 십상입니다. 그래서 아이가 어릴 때 훈육을 통해 옳고 그름을 가르쳐 주어야 합니다. 훈육에 관한 성경 말씀을 찾아보세요.

    잠언 22장 6절

    _____ 아이에게 _____. 그러면 늙어서도

그 길을 떠나지 않는다.

잠언 29장 17절

너의 자식을 _____. 그러면 그가 너를 평안하게 하고, 너의 마음에 기쁨을 안겨 줄 것이다.

하나님께서도 우리를 훈육하며 가르치십니다. 좀 길지만, 히브리서 12장 5-11절을 읽어 보세요. 왜 훈육해야 하는지, 훈육의 목적이 무엇인지 알 수 있습니다.

> "내 아들아, 주님의 징계를 가볍게 여기지 말고, 그에게 꾸지람을 들을 때에 낙심하지 말아라. _____ 사랑하시는 사람을 징계하시고, 받아들이시는 아들마다 채찍질하신다." 징계를 받을 때에 참아내십시오. 하나님께서는 자녀에게 대하시듯이 여러분에게 대하십니다. 아버지가 징계하지 않는 자녀가 어디에 있겠습니까? 모든 자녀가 받은 징계를 여러분이 받지 않는다고 하면, 여러분은 사생아이지, 참 자녀가 아닙니다. 우리가 육신의 아버지도 훈육자로 모시고 공경하거든, 하물며 영들의 아버지께 복종하고 살아야 한다는 것은 더욱더 당연한 일이 아니겠습니까? 육신의 아버지는 잠시 동안 자기들의 생각대로 우리를 징계하였지만, 하나님께서는 우리를 _____, 우리에게 _____ 하십니다. 무릇 징계는 어떤 것이든지 그 당시에는 즐거움이 아니라 괴로움으로 여겨지지만, 나중에는 이것으로 훈련받은 사람들에게 _____ _____ 합니다.

4부 자녀 훈육 3단계

8주
4일

훈육은 자녀의 "바람직한 행동과 습관을 함양하고, 바람직하지 못한 행동이나 습관을 교정하는 것"입니다. 이것이 부모의 역할 중에서 가장 어렵습니다. 어떻게 훈육해야 할지 원칙을 정하는 일도 어려울뿐더러, 원칙을 정해도 지키기가 쉽지 않고, 훈육 방식에 대한 엄마 아빠의 의견이 달라 싸우기도 합니다. 부모가 자녀를 훈육하기 전에 가장 먼저 해야 할 일은 훈육의 목적에 대해 합의하는 것입니다. 훈육의 목적은 아이가 하나님에 대한 신앙을 키우고, 예수님을 닮은 사람으로 자라도록 하는 것입니다. 이제 이 목적을 이루기 위해 구체적으로 훈육하는 방법을 정리해 봅시다.

하나님께서는 이스라엘 백성을 이집트에서 이끌고 나오셨을 때, 이스라엘 백성이 지켜야 할 규례와 율례를 모세를 통해 상세하게 가르쳐 주셨습니다. 하나님을 경외하지 않고 하나님의 명령에 불순종할 때 어떤 징계를 받을지도 미리 말씀해 주셨습니다. 그 모든 것을 기록한 책이 신명기이며, 신명기는 '거듭(신) 명하다(명)'라는 뜻입니다. 부모는 하나님께서 하시는 대로 자녀를 훈육하면 됩니다.

① 1단계 가르침(instruction)
훈육의 시작은 자녀에게 바람직한 행동과 바람직하지 않은 행동이 있음을 알려 주는 것입니다. 훈육의 전 과정 중에서 이 단계가 가장 중요하며, 가장 길게 충분한 시간을 두고 해야 합니다. 그런데 많은 부모가 이 단계를 생략하고, 아이가 잘못된 행동을 한다는 생각이 들면 바로 혼을 내고 그 행동을 고치려고 합니다. 그래서 많은 사람이 훈육을 혼내는 것, 안 된다고 큰 소리로 다그치는 것, 윽박지르는 것, 화내는 것, 체벌 같은 것이라고 오해합니다. 훈육은 그런 것이 아닙니다. 훈육 과정 중에 단호한 말투, 웃음기 없는 굳은 표정, 행동 교정을 위한 원칙 같은 것이 포함되지만, 화를 내거나

혼내는 것이 훈육은 아닙니다. 훈육과 동일한 의미를 지닌 말을 찾는다면 '체계적인 가르침'이라고 할 수 있습니다.

훈육에서 제일 중요한 1단계를 부모들이 생략하는 이유는 부모가 아는 것을 아이도 당연히 안다고 생각하거나, 알아야 한다고 가정하기 때문입니다. 그렇지만 아이로서는 어떤 행동이 잘못된 행동인지 들어 본 적이 없으므로 왜 잘못된 행동인지 모를 수 있습니다. 그러므로 부모는 훈육 1단계에서 바람직한 행동은 무엇이며, 그렇게 행동해야 하는 이유를 아이가 이해할 수 있도록 잘 설명해 주어야 합니다. 또한, 어떤 행동이 잘못된 행동이며, 그렇게 행동할 때 구체적으로 어떤 벌을 받는지 분명한 기준도 이때 알려 주어야 합니다. 그리고 아이가 그 규칙을 이해하고 실천할 능력이 있을 때 그렇게 해야 합니다.

② 2단계 행동(action)
1단계에서 가르친 것을 자녀가 반복 행동을 통해 배울 수 있도록 훈련하는 단계입니다. 바람직한 행동을 익힐 수 있도록 일상생활 중에 반복해서 가르치는 것입니다. 1단계에서 충분히 설명하지 못한 내용을 이 단계에서 덧붙일 수도 있고, 부모가 본을 보여 주면서 가르쳐 줄 수도 있습니다. 자녀가 가르침을 잘 따라 했을 때는 격려하고 칭찬해 주는 것도 잊지 마세요.

③ 3단계 교정(consequence)
1단계와 2단계에서 가르친 규칙에 어긋난 행동을 할 때 바로잡아 주는 단계입니다. 이 단계에서는 징계와 훈계를 자녀의 성격이나 발달 단계에 따라 지혜롭게 사용해야 합니다. 그리고 무엇보다 중요한 것은 1단계에서 알려 준 규칙대로 일관성 있게 하는 것입니다. 아이가 징계받기 전에 자기 잘못을 인정해도, 1단계에서 정한 규칙대로 징계하는 것이 좋습니다.

이 과정에서 부모는 여러 실수를 할 수 있습니다. 1단계에서 아이에게 알려 준 것보다 지나치게 징계하거나, 아이가 잘못된 행동을 했는데도 아무런 징계도 하지 않거나, 또는 부모의 감정 상태나 상황에 따라 규칙을 적용하거나 적용하지 않거나 해서 일관성 없이 징계하는 것입니다. 교정의 첫 단계는 아이에게 잘못된 행동을 그만하라고 분명하게 말하는 것이며, 그다음에는 부모가 합의해서 정한 규칙을 부드럽지만 단호한 태도로 적용하는 것입니다.

훈육의 지혜

1. 아이 마음에 있는 사랑의 탱크가 충분히 채워졌을 때 훈육은 잘 이루어집니다. 평소에 다양한 방식으로 사랑을 표현하고 사랑의 게이지를 높여 놓으세요.

2. 아이에게 훈육 원칙을 가르치기 전에 아이의 말을 먼저 잘 들어 주세요. 징계하거나 가르치기 전에 아이가 무슨 생각을 하고 어떤 감정을 느끼고 있는지 들어 주고 그대로 인정해 주세요. 아이가 잘못한 때도 그렇게 해야 합니다. 부모가 아이의 말을 들은 그대로 인정해 주면, 아이의 감정이 해소되고, 징계받더라도 수긍하게 됩니다.

3. 교정 단계에서는 부모의 감정 조절이 매우 중요합니다. 훈계하다가 감정이 격해져서 심하게 화가 난다면, 아이와 떨어져서 먼저 감정을 가라앉히려고 노력하세요. 그리고 성령 하나님께 부드러운 마음과 지혜를 달라고 기도드리세요. 부모가 화를 품은 상태에서 하는 훈육은 대부분 효과가 없을 뿐 아니라, 오히려 역효과를 가져온다는 점을 기억해 주세요.

4. 아이를 훈육하는 목적은 아이의 잘못된 행동에 벌을 주기 위해서가 아니라, 아이를 예수님 닮은 사람으로 자라게 하기 위해서입니다. 이 점을 다시 한번 기억하세요.

5. 교정 단계에서는 교정해야 하는 구체적 행동만 다루어야 합니다. 그러므로 훈계와 징계는 짧고 분명하게 하는 것이 좋습니다. 훈계가 길어지면 지나간 사건과 행동까지 소급해서 들추게 됩니다. 그것은 훈육이 아니라 잔소리이며, 잔소리는 아이의 감정을 상하게 하고 부모의 권위를 떨어뜨립니다.

6. 훈육은 지켜보는 다른 사람이 없는 곳에서 해야 합니다. 아이에게도 자존심이 있다는 사실을 잊지 마세요.

7. 부부가 자녀 훈육에 대한 원칙에 합의하고, 둘이 함께 일관성 있게 그 원칙을 따라야 합니다. 부부가 서로의 훈육 방식에 동의하지 않으면, 아이 앞에서 싸울 수도 있습니다. 부모의 다툼은 아이를 불안하게 만들고, 부모가 가르치려는 메시지는 전달되지 않습니다.

8. 교정 단계를 거친 아이의 마음에는 억울함, 분노, 두려움, 죄책감이 남아 있지 않아야 합니다. 징계를 마친 후에는 아이를 부드럽게 안아 주고, 부모의 사랑을 확인시켜 주면서 마무리하세요. 훈육의 목적은 사랑이므로 사랑으로 시작해서 사랑으로 마무리해야 하며, 그럴 때 부모도 어려운 훈육 과정을 통해 성장합니다.

오늘의 과제

1. 아이들이 구체적으로 어떤 잘못을 할 때 훈계하는지 생각해 보고 적어 보세요.

2. 지금까지 자녀를 훈육한 방식 가운데 잘한 것과 잘못한 것을 찾아보고, 고쳐야 할 점이 있는지 생각해 보세요.

3. 오늘 배운 내용을 총정리해서, 부부가 합의한 훈육 원칙을 적어 보세요.
1) 훈육의 목적

2) 1단계 가르침
- 구체적으로 무엇을 어떻게 가르칠 것인가?

- 징계와 훈계가 필요할 때는(아이가 구체적으로 어떻게 행동할 때)?

- 징계 방법은?

3) 2단계 행동

4) 3단계 교정

5부. 부르신 대로 살기

9주. 부르심과 일

10주. 그리스도와 함께하는 세상 경영

9주. 부르심과 일

1일. 부르심에 대한 오해

2일. 보편적 부르심과 영적 성장

3일. 일하시며 일을 맡기시는 하나님

4일. 일이 우리에게 주는 유익

날짜

5부 **잠시 생각해 보기**

9주 어릴 적 '장래 희망'은 무엇이었나요?

1일

부르심을 찾고자 하는 갈망

대다수 사람이 평생 답을 찾고 싶어 하는 두 가지 질문은 '나는 누구인가'와 '나는 무엇을 하며 살아야 하는가'입니다. 두 질문에 대한 답이 분명해질수록 사는 게 신나고 즐거워집니다. 그런데 두 질문에 대한 답은 자신이 하는 일과 관련이 있습니다. 사람들은 자신이 하는 일을 통해 삶의 의미와 목적을 확인하고, 자기 정체성을 더 분명하게 찾아 갑니다. 그래서 자신이 장단기적으로 해야 하는 일이 무엇인지 분명히 아는 사람일수록 삶의 만족도가 높다고 합니다.

이는 하나님께서 사람을 그렇게 만드셨기 때문입니다. 하나님께서는 사람을 남자와 여자로 만드시고, 그들에게 당신께서 창조하신 세상을 "다스리라"(경작하고, 경영하고, 돌보고, 섬기라)고 명하셨습니다. 하나님께서는 사람을 일하는 존재로 창조하셨고, 일을 해서 세상을 돌보고 유익하게 하라고 하셨습니다.

그런데 영유아 엄마들은 창세 때 하신 하나님 말씀대로 살기가 참 어렵습니다. 전업주부든 직장에서 일하는 엄마든 다르지 않습니다. 아이를 낳기 전에 하던 일을 포기하고 아이 양육에 전적으로 매달리는 엄마들은 하는 일이 없다고 여기기 쉽습니다. 반면, 직장인 엄마는 직장 일과 양육 둘 다 제대로 해내지 못하는 것 같고, 또 아이에게 좋은 엄마가 아닌 것 같아서 늘 죄책감에 시달립니다.

　이런 마음으로 살아가는 엄마들이 다음과 같은 사실을 알면 좋겠습니다. 자신이 해야 할 일을 찾고, 그 일을 잘 해내며 살아가는 것은 누구에게나 쉽지 않은 일이라는 것입니다. 그리스도인이라면 누구나 하나님께서 자신에게 맡기신 일이 무엇인지 알고 싶어 하고, 그 일을 하며 살아갈 때 의미 있게 살 수 있다고 생각합니다. 그렇지만 그리스도인 중에 하나님의 부르심을 분명히 알고 있다고 말하는 비율은 대략 40퍼센트에 그친다고 합니다. 그러므로 《엄마 먼저》를 통해 앞으로 2주간 부르심에 대해 질문하고 답을 찾아 간다면, 엄마들이 자기 삶을 더 선명하게 이해하고, 또 의미로 충만한 삶을 살아갈 수 있을 것입니다.

부르심이 아닌 것

하나님께서 부르신 대로 살아가려면, 먼저 부르심이 무엇인지 제대로 이해해야 합니다. 특히 부르심에 대해 오해하는 것이 있는지 확인해 보는 것이 좋습니다. 부르심(또는 소명)이라는 말은 교회 안에서도 오랫동안 잘못 가르쳐 왔고, 그래서 잘못 믿어 왔습니다. 종교개혁자들이 부르심에 대한 오해를 바로잡기 전까지 오랫동안 교회는 교회 안에서는 신부나 수녀, 수도사 같은 성직자만 부르심을 받는다고 생각했습니다. 그런데 루터는 모든 일이 하나님의 부르심이라고 가르쳤습니다. 설교단에서 말씀을 선포하는 일이든 생계를 위해 하는 일이든 하나님께서 보시기에는 모두 동일한 가치를 지닌 부르심이라는 것입니다. 이것이 직업 소명설입니다. 루터의 가르침은 교회뿐 아니라 사회적으로도 큰 변화를 불러왔습니다.

5부
9주
1일

그리스도인들이 소명을 따라 산다고 확신하지 못하는 이유 중 하나는 소명을 특별한 일을 하는 것으로 생각하기 때문입니다. 마치 중세 교회에서 성직자만 소명을 받은 자로 믿었던 것처럼 말입니다. 하지만 소명을 따라 산다는 것은 목사나 선교사가 되거나 특별한 자리에서 큰일을 하는 것이 아닙니다. 물론 성경에는 하나님께서 어떤 사람을 특정해서 부르시고, 특별한 일을 맡기시는 이야기가 많이 나옵니다. 모세를 불러서 이스라엘 지도자로 삼으시고, 다윗을 불러서 이스라엘 왕으로 세우시고, 바울을 부르셔서 이방인에게 복음을 전하는 전도자로 보내셨습니다. 그래서 많은 사람이 부르심을 하나님께서 특별한 상황에서 직접 말씀하시는 것으로 생각합니다. 이런 생각과 달리 하나님의 부르심은 대개는 특별한 영적 체험 없이 삶의 여정을 따라 자연스럽게 찾아가게 됩니다.

부르신 대로 산다는 것은 하나님께서 시키시는 특별한 일을 하는 것이 아니라, 내가 하는 일에 특별한 의미가 있고, 그 일을 하나님의 부르심이라고 여기는 것입니다. 사람들이 그 일을 중요하게 여기든 아니든, 경제적 대가가 많든 적든 상관없이, 그 일을 하나님의 부르심으로 여기고 성실하게 하는 것입니다. 헨리 나우웬이 《분별력》에서 한 말은 소명이 무엇인지를 잘 이해하도록 도와줍니다.

> 예일 대학에서 강의를 하면서도 여전히 내가 아무 쓸모 없다고 느낄 수 있다. 그러나 같은 일을 하면서도 하나님의 부르심을 이루어 가고 있다고 느낄 수 있다. 옳은 일자리 같은 것은 없다. 어떤 상황에서도 비참해질 수도 있고 기쁠 수도 있으며, 불안해질 수도 있고 평안해질 수도 있다. 페루의 극빈자들과 함께 살면서, 그들을 섬기려는 열정을 가지고 산다고 해서 그것이 소명을 뜻하는 것은 아니다.

부르심에 대한 또 한 가지 오해는 부르심이 목표를 정해 놓고 그 목표를 이루는 것이라는 생각입니다. 부르심은 목표에 도달하는 것이 아니라, 그 모든 과정을 포함하는 인생 전부를 의미합니다. 부르심을 안다는 것은 인생의 결과를 미리 내다보는 것이 아닙니다. 하나님께서는 우리가 우리 일을 하나님의 부르심으로 여기며 살아가기를 바라시지, 그 일을 통해 최종적으로 어떤 결과에 이르기를 원하시는 것이 아닙니다. 그러므로 부르심을 따라 산다는 것은 어떤 일을 성취하는 것이 아니라, 하루하루 하나님의 뜻에 따라 순종하며 사는 것을 의미합니다.

그러므로 "당신의 부르심이 무엇입니까?"라는 질문에 명확하게 답하지 못한다고 해서 부르심이 없는 것은 아닙니다. 오히려 부르심의 목표를 명확하게 알고 나서 따르겠다는 생각이 잘못된 것입니다. 그렇게 생각하는 이유는 자기 삶을 계획하고 통제하겠다는 욕심이거나, 자기 삶의 주인인 하나님을 신뢰하지 못해서인 경우가 많습니다.

오늘의 과제 부르심에 대해 오해한 것이 있었다면 적어 보고, 부르심이 무엇인지 자신의 말로 설명해 보세요.

9주. 부르심과 일

1일.   부르심에 대한 오해

2일.   보편적 부르심과 영적 성장

3일.   일하시며 일을 맡기시는 하나님

4일.   일이 우리에게 주는 유익

날짜

> **5부**
> **9주**
> **2일**

잠시 생각해 보기

자신이 하고 있는 일이 무엇인지 표현해 보세요. (정규직, 교육계, 비정규직, 대기업, 아르바이트, 자원봉사, 비즈니스, 육아 휴직, 전업주부, 감정 노동, 돌봄 노동, 잡일, 목회 사역, 전문직, 자영업 등)

보편적 부르심

지난 시간 살펴본 부르심의 내용을 한 줄로 요약하면, 지금 하는 일이 무엇이든 그 일을 하나님의 부르심으로 여길 수 있다는 것입니다. 이는 부르심의 의미가 이중적이기 때문입니다. 하나님께서는 우리를 부르시고 새로운 존재로 변화시켜 주셨습니다. 이 부르심은 예수 그리스도를 주라고 부르는 모든 사람을 향한 부르심입니다. 이를 보편적 부르심, 또는 구속사적 부르심이라고 합니다. 이 같은 1차 부르심은 하나님께서 우리를 그리스도 안에서 새로운 존재로 불러 주셨으므로, 하나님과 언약적 관계 안에서 살아가는 것입니다. 여기에 덧붙여 2차 부르심이란, 하나님께서는 우리 각 사람을 개별적으로도 부르셨는데, 그 부르심 대로 세상 속에서 살아가는 것입니다.

　우리가 하는 일이 무엇이든 그리스도 안에서 새로 받은 신분에 걸맞게 산다면, 그 일은 부르심의 의미를 지니게 됩니다. 그러므로 우리가 부르심의 이중적 의미를 따라 살려면, 먼저 하나님의 보편적 부르심을 분명히 아는 것이 중요합니다. 1차 부르심 또는 보편적 부르심은 다음과 같습니다.

첫째, 하나님께서는 우리를 하나님과 특별한 관계를 맺으며 살도록 부르셨습니다.

로마서 1장 6절
여러분도 그들 가운데 들어 있어서, _____ 부르심을 받은 사람이 되었습니다.

고린도전서 1장 9절
하나님은 신실하신 분이십니다. 하나님께서는 여러분을 부르셔서 그 아들 우리 _____를 가지게 하여 주셨습니다.

둘째, 하나님께서는 우리를 예수 그리스도의 몸 된 교회로 부르셨습니다.

히브리서 3장 1절
그러므로 _____ 거룩한 형제 자매 여러분, 우리가 고백하는 신앙의 사도요, 대제사장이신 예수를 깊이 생각하십시오.

셋째, 하나님께서는 우리를 하나님 나라 복음에 걸맞게 살도록 부르셨습니다.

고린도후서 5장 18절
하나님께서는 그리스도를 내세우셔서, 우리를 자기와 화해하게 하시고, 또 우리에게 _____을 맡겨 주셨습니다.

5부
9주
2일

이 세 가지는 하나님께서 모든 그리스도인에게 주신 보편적 부르심입니다. 이 같은 1차 부르심 의식을 가지고 살아갈 때, 자신만을 향한 고유한 부르심도 선명해지고, 또한 그 부르심을 살아낼 힘과 지혜도 얻을 수 있습니다. 1차 부르심 중에서 교회 공동체로의 부르심을 좀 더 깊이 살펴보려고 합니다.

교회 공동체 안에서의 성장

교회는 하나님께서 부르신 사람들의 모임입니다. 그리스도인들은 교회에 속해 있으며, 공동체 안에서 공동체와 함께 사랑을 배우며 성장합니다. 사람들을 섬기고 사랑하는 일은 모든 그리스도인에게 주어진 보편적 부르심입니다. 또한 성장하는 모든 그리스도인은 교회를 세우고 성도를 섬깁니다. 설교자나 전문 목회자만이 아니라 모든 그리스도인은 예수 그리스도의 몸 된 교회를 세우고 교회로 어우러져 살아가라는 부르심을 받았습니다. 그리고 성령 하나님께서 우리 각 사람에게 나누어 주신 다양한 은사를 발견하고, 그 은사를 사용해서 교회를 섬깁니다. 우리는 하나님께서 자신에게 주신 은사가 무엇인지를 공동체 안에서 분별하고, 그 은사를 잘 사용해 공동체에 유익을 끼치도록 부르심을 받았습니다. 로마서 12장 4-6절을 찾아보세요.

_____가 있으나, 그 지체들이 다 같은 일을 하는 것이 아닙니다. 이와 같이, 우리도 _____ 그리스도 안에서 ___을 이루고 있으며, 각 사람은 서로 지체입니다. 하나님께서 우리에게 주신 은혜를 따라, 우리는 _____ 신령한 선물을 가지고 있습니다.

또 하나님께서는 교회를 통해 예수 그리스도의 죽으심과 부활하심을 전파하고, 하나님께서 그리스도 안에서 이루신 구원을 세상 사람들에게 알리고 계십니다. 교회는 하나님의 동역자로서 세상을 구원하고 회복하는 그 일에 함께하고 있습니다. 이 일은 모든 그리스도인을 향한 보편적 부르심이며, 하나님께서는 엄마들에게도 함께 이 일을 하자고 똑같이 부르셨습니다. 그러므로 교회를 세워 나가며, 자신 또한 세워져 가는 것이 하나님의 보편적 부르심에서 매우 중요한 부분임을 기억하세요.

2차 부르심, '부르심 속의 부르심'

그리스도인의 부르심은 이중적이며, 우리는 모든 그리스도인을 향한 부르심 안에서 자신만의 부르심을 찾아서 살아갑니다. 자신만의 고유한 부르심을 2차 부르심이라고 할 수 있는데, 이를 마더 테레사는 '부르심 속의 부르심'이라고 했습니다. 나를 향한 특별한 부르심은 하나님께서 내 삶을 향해 구체적인 계획을 갖고 계시며, 그리고 내가 그렇게 살기를 바라신다고 믿기 때문에 찾는 것입니다. 이 부르심에 대해서는 10주 차에 살펴보겠습니다.

오늘의 과제　1. 부르심의 이중적 의미에 대해 생각해 보고, 부르심을 좀 더 구체적으로 설명해 보세요.

2. 나는 보편적 부르심에 걸맞게 살아가기 위해 매일 조금씩 성장하고 있는지 생각해 보세요. 1부와 2부를 다시 복습하셔도 좋겠어요. 그리고 그리스도인 공동체 안에서 어떻게 하면 성장해 나갈 수 있을지도 생각해 보고 적어 보세요.

9주. 부르심과 일

1일. 부르심에 대한 오해

2일. 보편적 부르심과 영적 성장

3일. 일하시며 일을 맡기시는 하나님

4일. 일이 우리에게 주는 유익

날짜

> **5부**
> **9주**
> **3일**
> **잠시 생각해 보기**
> 하나님이 지금 어떤 모습으로 계실지 상상해 보면 어떤 이미지가
> 그려지나요?

일하시는 하나님

우리를 부르신 하나님이 어떤 분인지 알면, 부르심이 무엇인지 이해할 수 있고, 또 부르신 대로 살아갈 수 있습니다. 하나님은 보좌에 가만히 앉아 계신 분이 아닙니다. 창세 때부터 지금까지 열심히 일하시며, 우리에게도 일을 맡기시는 분입니다. 창세기 1장 1절은 이렇게 시작합니다.

태초에 _____.

하나님의 창조 이야기는 하나님께서 수많은 일을 하셨다고 묘사합니다. 하늘과 땅을 만드시고, 동식물을 구분하여 만드시고, 흙을 빚어 사람을 만드시고, 남자의 갈비뼈를 분리하는 외과적 수술을 하시고, 그것으로 여자를 조각하여 만드시고, 만드신 모든 것이 유지되도록 우주적 시스템을 구축하시고, 아담과 하와에게 관리를 맡기셨으며, 그 모든 일을 마무리하실 때까지 쉬지 않고 일하셨습니다. 아마도 이 모든 일을 하시기 전 기획 단계에서 창조 계획을 세우셨을 테고, 기획하신 대로 성실하게 일하셨고,

하신 일의 결과를 평가하시면서 "참 좋다"라고 하셨습니다. 그리고 모든 일을 마친 다음에 쉬셨습니다.

창세기 2장 2절

하나님은 _____ 엿샛날까지 다 마치시고, 이렛날에는 _____ 손을 떼고 쉬었다.

창세 때뿐만 아니라 그 이후에도 하나님은 계속 일하셨습니다. 특히 하나님께서는 사람을 돌보시고, 그들에게 하나님을 알리시고, 그들이 하나님의 뜻대로 살아가도록 일하셨습니다. 아이들을 태어나게 하시고, 법을 만들고 집행하셨으며, 전쟁을 승리로 이끄시고, 책을 만드시고, 제국의 판도를 바꾸는 일을 하셨습니다.

예수님께서도 이른 아침부터 늦은 밤까지 일하셨습니다. 말씀을 가르치시고, 개인 상담을 하셨으며, 먹을 것을 나눠 주시고, 제자들을 키우셨고, 병든 사람을 고치셨습니다. 심지어 안식일에도 일하셨고, 이를 비난하는 사람들에게 이렇게 말씀하셨습니다.

요한복음 5장 17절

"내 아버지께서 이제까지 일하고 계시니, _____."

요한복음 4장 34절

"나의 양식은, 나를 보내신 분의 뜻을 행하고, _____ 이다."

(5부) (9주) (3일)

예수님의 직업은 목수, 신학자, 목사, 의사, 상담가, 영적 지도자, 선생님, 사회 비평가, 사회 사업가였습니다. C. S. 루이스는 이렇게 말했습니다. "하나님께서는 일을 그치신 적이 없다. 그러므로 새 하늘과 새 땅에서도 우리는 하나님과 함께 일할 것이다."

일을 맡기시는 하나님

하나님께서는 우리에게 일을 맡기시고 우리와 함께 세상을 경영하려고 하셨습니다. 노동은 죄의 결과로 온 것이 아니라, 하나님의 창조 계획 안에 원래 들어 있었습니다. 하나님께서는 사람을 지으시고 그들에게 당신께서 창조하신 세상을 돌보고 관리하는 일을 맡기셨습니다.

창세기 2장 15절

주 하나님이 사람을 데려다가 에덴 동산에 두시고, 그곳을 _____ 하셨다.

"맡아서 돌보게" 했다는 말을 다른 번역에서는 "경작하며 지키게" 했다고 옮깁니다. 하나님께서 아담과 하와에게 에덴 동산을 "돌보고 지키는" 일을 맡기셨다는 뜻입니다. 또한 하나님께서 만드신 동물들 이름을 짓게 하시고, 동산 안에 있는 모든 동식물을 돌보고 다스리라는 명령을 내리셨습니다.

창세기 1장 26절

하나님이 말씀하시기를 "우리가 우리의 형상을 따라서, 우리의 모양대로 사람을 만들자. 그리고 그가, 바다의 고기와 공중의 새와 땅 위에 사는 온갖 들짐승과 땅 위를 기어다니는 모든 길짐승을 _____" 하시고,

하나님께서 사람을 하나님의 형상대로 지었다는 말에는 사람이 다른 사람들뿐 아니라 창조세계까지 돌보도록 창조되었다는 뜻이 들어 있습니다. 신약성경에서도 하나님은 사람을 불러 일을 시키시는 분으로 나옵니다. 마태복음 20장에 나오는 예수님의 비유를 찾아보세요. 일을 통해 하나님 나라 비유를 설명할 만큼 인간에게 일은 중요하다는 의미로 다가옵니다.

마태복음 20장 1절, 6-7절

하늘 나라는 자기 포도원에서 일할 _____ 이른 아침에 집을 나선 어떤 포도원 주인과 같다.…오후 다섯 시쯤에 주인이 또 나가 보니, 아직도 빈둥거리고 있는 사람들이 있어서, 그들에게 '왜 당신들은 온종일 하는 일 없이 빈둥거리고 있소?' 하고 물었다. 그들이 그에게 대답하기를 '아무도 우리에게 _____, 이러고 있습니다' 하였다. 그래서 그는 '당신들도 _____' 하고 말하였다.

그뿐만 아니라, 우리가 구원받은 이유는 세상 풍조를 따라 사는 것(에베소서 2:2)이 아니라 "선한 일"을 하면서 살기 위해서입니다. 그리스도 예수 안에서 새로운 존재가 된 우리는 평생 선한 일을 하면서 살아가라는 부르심을 받았습니다.

에베소서 2장 10절

우리는 하나님의 작품입니다. _____, 하나님께서 그리스도 예수 안에서 우리를 만드셨습니다. 하나님께서 이렇게 미리 준비하신 것은, _____ 입니다.

오늘의 과제 1. 일하시는 하나님에 관한 성경 구절 중 가장 마음에 와닿는 구절을 찾아 묵상해 보세요.

2. 일하시는 하나님과 예수님에 대해 묵상해 보고, 하나님에 대한 이미지를 새롭게 그려 보세요.

9주. 부르심과 일

1일. 부르심에 대한 오해

2일. 보편적 부르심과 영적 성장

3일. 일하시며 일을 맡기시는 하나님

4일. 일이 우리에게 주는 유익

날짜

잠시 생각해 보기

일을 해야 한다고 생각하면 마음이 기쁜가요? 아니면 한숨이 나오나요?

"내 아버지께서 이제까지 일하고 계시니, 나도 일한다"라고 하신 예수님 말씀처럼, 우리는 하나님께서 지금도 일하시고, 또 우리에게 일을 맡기시므로 일을 합니다. 하나님과 동역하며, 하나님께서 만드신 세상을 경영하며 사는 것이 우리 삶의 의미입니다. 또한 부르심 의식을 지니고 자신에게 맡겨진 일을 하며 살아갈 때 다음과 같은 유익을 누릴 수 있습니다.

하나님을 알아 간다

일을 하면서 하나님이 어떤 분인지를 배우게 됩니다. 우리는 하나님에 대한 지식을 성경을 읽고 묵상하면서 얻습니다. 그리고 일터에서 하나님 말씀대로 살아가려 애쓰면서 하나님의 마음과 뜻을 더 잘 이해하게 됩니다. 우리가 하는 일을 통해 하나님의 사랑과 공의와 은혜를 더 실제적으로 배울 수 있습니다.

삶의 의미가 분명해진다

하나님께서 맡겨 주신 일을 하면서 삶의 의미가 선명해지고, 그래서 더 행복해집니다. 우리는 하나님의 형상으로 지어졌으며, 하나님처럼 우리도 일하는 존재로 지어졌습니다. 그러므로 일은 자기 존재를 표현하는 방식이 될 수 있으며, 일함으로써 인간으로서의 존엄함을 드러낼 수 있습니다. 일은 자기 정체성을 만들어 가는 길인 동시에, 자기 정체성을 표현하는 길입니다. 도로시 세이어즈는 이렇게 말했습니다. "일을 바라보는 기독교의 관점은, 살기 위해 일을 해야 하는 것이 아니라 일하기 위해 살아야 한다는 것이다. 일하는 이의 능력을 최대한으로 표현하는 것이 곧 자신을 하나님께 드리는 수단이다." 인간은 누구나 일을 하도록 지어졌으므로, 우리는 일을 하면서 행복하고 충만한 삶을 누릴 수 있습니다.

자신을 알게 되고 성장한다

일을 하면서 자신을 더 잘 알아 가며, 그래서 한 인간으로 성장하게 됩니다. 우리는 일상의 노동을 통해 우리 자신을 자세히 관찰할 수 있고, 자신 안에 내재한 재능과 결점을 더 확실히 알아볼 수 있습니다. 그래서 예수님을 어떤 모습으로 닮아 가야 할지 구체적으로 알 수 있습니다. 그러므로 노동은 하나님과 동역하면서 예수님을 닮아 가는 여정이며, 전인격적으로 성장하는 길이 됩니다.

자신과 가족을 돌본다

생계를 위한 노동도 하나님의 부르심을 따라 사는 것입니다. 오늘날에도 많은 사람이 큰 비전이나 의미가 있어서가 아니라 '먹고 살기 위해' 일합니다. 그러나 자신과 가족을 돌보기 위한 노동도 하나님의 부르심일 수 있습니다. 입에 풀칠하기 위해 마지못해 일한다는 마음이 아니라, 자신과 가족의 생명을 돌보며 다른 사람에게 폐가 되지 않고, 더 나아가 이웃에게 선을 베푼다는 마음으로 일한다면, 그 또한 '부르심 의식'으로 하는 일이 됩니다.

5부
9주
4일

데살로니가전서 4장 11-12절을 찾아보세요.

그리고 우리가 여러분에게 명령한 대로, 조용하게 살기를 힘쓰고, _____ _____. 그리하여 여러분은 바깥 사람을 대하여 품위 있게 살아가야 하고, 또 아무에게도 _____ _____ 해야 할 것입니다.

이웃을 섬기고 공동체를 세워 간다

일을 통해 우리는 하나님의 세상 경영에 함께합니다. 우리 각자가 하는 일을 통해 세상이 돌아가고, 서로에게 유익을 끼칩니다. 나의 노동을 통해 다른 사람의 필요가 채워지고, 다른 사람의 노동을 통해 내가 유익을 얻습니다. 우리는 각자의 노동으로 서로를 돌보고, 하나님과 함께 세상을 경영합니다. 그래서 우리가 하는 일이 무엇이든 그 일을 소중히 여기며, 다른 이의 노동에도 감사하게 됩니다. 그래서 바울 사도는 골로새서 3장 23-24절에서 이렇게 말합니다.

_____ 사람에게 하듯이 하지 말고, _____ 진심으로 하십시오. 여러분은 주님께 유산을 상으로 받는다는 사실을 기억하십시오. 여러분이 _____.

일상으로 예배를 드리게 된다

루터는 이렇게 말했습니다. "각자 자기 직업을 통해 이웃을 섬기는 일은 곧 세상을 예배로 가득 채우는 길이다." 소명 의식을 가지고 자기 일을 성실하게 해낼 때, 우리가 하는 일은 제사장이 하는 일과 다르지 않고, 우리가 일하는 곳은 예배처가 됩니다. 자기 일을 거룩한 소명으로 받아들일 수 있다면,

일터는 황금으로 뒤덮인 성전보다 더 신성한 곳이 될 수 있습니다.

오늘의 과제 일의 여섯 가지 유용함에 대해 좀 더 깊이 묵상한 후, 자기 말로 적어 보세요.

1. 하나님을 알아 간다.

2. 삶의 의미가 분명해진다.

3. 자신을 알게 되고 성장한다.

4. 자신과 가족을 돌본다.

5. 이웃을 섬기고 공동체를 세워 간다.

6. 일상으로 예배를 드리게 된다.

10주. 그리스도와 함께하는
       세상 경영

1일.   부르심을 따라 사는
        엄마

2일.   세상 속에서
        부르심 찾기 1

3일.   세상 속에서
        부르심 찾기 2

4일.   부르심을 찾아가는
        엄마

날짜

> 5부 **잠시 생각해 보기**
> 10주
> 1일 "아내는 뭐해?"
> "집에서 놀지 뭐."

내 남편은 내가 집에서 논다고 말했다.

지난주에 부르심과 일에 담긴 의미가 우리 생각보다 더 크다는 것을 배웠습니다. 부르심이란 모든 그리스도인이 받는 것이며, 하나님의 형상대로 지어진 사람은 누구나 하나님과 동역하며 세상을 경영하는 일에 참여합니다. 결혼하지 않거나 아이를 낳지 않은 여성은 있어도 일하지 않는 여성은 없습니다. 그런데 일과 직업은 동의어가 아닙니다. 주 52시간 근무하는 직장에 다니는 것과 일은 같은 말이 아니며, 수입이 있거나 정기적으로 출퇴근을 해야만 일을 하는 것은 아닙니다. 아이를 양육하며 소위 바깥일이 없는 전업주부든, 양육과 직장 일 사이에서 힘들어하는 직장인 엄마든, 하나님께서는 세상을 돌보는 일에 동참하자고 초대하십니다. 이 초대가 바로 지난주에 다루었던 보편적 부르심에 이어지는 '2차 부르심'입니다. 그러므로 엄마들에게 부르심이란 가사 노동과 자녀 양육뿐 아니라 자원봉사, 교회 사역, 아르바이트, 프리랜서, 전문직 등 매우 다양한 형태로 나타날 수 있습니다.

엄마에게 부르심이란

"우리 집은 나 없이는 안 돌아가지만, 세상은 나 없이 잘만 돌아간다."
(다큐멘터리 〈앵그리맘의 반격〉, SBS)

"워킹맘은 어딜 가나 죄인이야. 회사에서도 죄인, 집에서도 죄인…."
(드라마 〈미생〉, tvN)

아이 돌봄만으로도 시간이 늘 부족한 엄마들, 경력이 단절돼 일을 찾기 어려운 엄마들, 육아 때문에 직장을 포기해야 하는 엄마들, 양육과 직장 일을 병행하며 두 마리 토끼를 다 놓칠 것 같은 엄마들, 이런 엄마들에게 일이란 어떤 의미일까요?

영유아 엄마들은 잠시도 쉴 새가 없다고 해도 과언이 아닙니다. 소설가 박완서는 엄마들이 해야 하는 집안일을 아주 자세히 묘사합니다.

> 어제의 노고를 무로 돌리고 밤사이에 정확하게 제자리로 돌아와 쌓여 있는 여자의 일, 일, 또 일. 빨랫거리, 연탄불 갈기, 먹을 것 장만하기, 청소 등 어젯밤에 분명히 다 끝낸 줄 알고 자리에 들었건만 아침이면 정확히 어제 아침만 한 부피로 돌아와 쌓여 있는 일과의 영원한 일진일퇴의 싸움질, 시지포스의 신화는 바로 다름 아닌 여자의 이 허망한 노고를 이름이렸다.
> (산문집 《꼴찌에게 보내는 갈채》 중 "봄에의 열망")

이 책이 처음 나온 지도 이제 한 세대가 훌쩍 지나고 4차 산업혁명 시대가 도래했지만, 아직도 엄마들은 누구도 칭송하지 않고 아무리 해도 티 나지 않는 집안일을 밤낮없이 해야만 합니다. 그래서 어떤 엄마는 "누가 나를 여기

데려다가 식모살이를 시키는가?"라고 합니다. 이 말에는 육체적 피곤함뿐 아니라 반복되는 허드렛일을 하며 날마다 퇴보하는 자신을 한탄하는 좌절감이 배어 있습니다. 그러나 가사 노동은 가족의 생명을 돌보는 살림 노동이며, 살림은 앞 글자 '살'에 강세를 두고 읽어야 그 뜻이 정확하게 전달됩니다. 끊임없이 반복해야 하고, 재미없고, 하기 싫고, 누가 대신해 주었으면 하는 것이지만, 가사 노동이 허망한 것만은 아닙니다. 음식을 준비하고 깨끗하고 안락하게 쉴 수 있는 집을 만드는 일을 누군가는 해야 하며, 이러한 집안일은 생명을 돌보시는 하나님의 사역을 함께하는 것입니다.

하나님께서 "생육하고 번성하여 땅에 충만하라"고 명령하셨으므로, 엄마들은 물론이고 아빠들도 가정을 돌보는 일을 하나님의 부르심으로 여기고 성실하게 해야 합니다. 루터가 말했듯이 주일 예배 때 설교단에서 말씀을 선포하는 일만큼이나 가정일도 하나님께서 기뻐하시는 일임을 기억해야 합니다. 그러나 주의할 것이 있습니다. 엄마들의 부르심이 거기서 그치는 것은 아니라는 것입니다. 아이를 양육하고 가족을 돌보는 일에 하나님께서 바라시는 이상으로 과도하게 몰입해서는 안 됩니다. 하나님께서는 남자든 여자든 동일하게 자기 가족 너머 세상 경영에 참여하라고 명령하셨습니다. 예수님도 여자들에게 "집에 있으면서 아이들을 돌봐라"라고 하지 않으셨습니다. 그래서 수많은 여자가 (아이들을 데리고) 예수님께로 몰려들었고, 예수님을 따라 사역에 동참했습니다.

엄마를 향한 부르심은 아이 양육을 포함하지만, 그보다 훨씬 더 큽니다. 대다수 엄마가 출산 후에도 일을 계속하고 싶어 합니다. 그리고 일하는 엄마들은 대부분 자신이 하는 일을 좋아하고 또 자부심이 있습니다. 물론 어떤 엄마들은 돈을 더 벌면 아이에게 더 나은 교육 기회를 줄 수 있을 것 같아서 힘들어도 일을 놓지 못합니다. 어떤 경우라 해도, 하나님의 부르심에 기초해 일의 의미를 바르게 해석하고 자기 삶을 통전적으로 이해하여 어떻게 하면 균형 잡힌 삶을 살아낼 수 있을지를 스스로 그릴 수 있어야 합니다.

남성과 여성 모두 일꾼으로 부르시는 하나님

워킹맘의 95퍼센트가 직장을 그만둘 생각을 한 적이 있으며, 특히 아이가 초등학교 입학할 때 퇴사하는 직장인 여성이 많다고 합니다. 한창 일할 시기에 직장을 그만두는 이유는 일과 양육을 둘 다 잘 해내기가 어렵기 때문입니다. 일과 가정 사이에서 균형을 잡기 어려울 때, 대개는 '여성의 일'이 희생됩니다. 그러나 여성 또한 남성처럼 자기 일을 하나님의 관점에서 바라보고, 자기 일을 쉽게 포기할 수 없는 하나님의 부르심으로 여겨야 합니다.

포도원 비유를 읽어 보면, 하나님께서는 이른 아침부터 늦은 오후까지 일꾼을 찾으러 다니셨습니다. 예수님도 제자들에게 하나님께 일꾼을 더 많이 보내 달라고 간구하라고 말씀하셨습니다.

마태복음 9장 36-38절

예수께서 무리를 보시고, 그들을 불쌍히 여기셨다. 그들은 마치 목자 없는 양과 같이, 고생에 지쳐서 기운이 빠져 있었기 때문이다. 그래서 제자들에게 말씀하셨다. "추수할 것은 많은데, 일꾼이 적다. 그러므로 너희는 추수하는 주인에게 _____ _____ 청하여라."

예수 그리스도께서 시작하신 그 일, 세상을 회복하는 일을 하나님은 지금도 하고 계십니다. 하나님께서는 하나님 나라가 완성될 때까지 그 일을 계속하실 것입니다. 그런데 세상을 회복하는 하나님의 일에 소매를 걷어붙이고 자기 맡은 바를 성실히 해낼 일꾼은 여전히 부족합니다. 이

(5부) 소중한 일에는 남성과 여성 구분 없이 더 많은 일꾼이 필요합니다.
(10주)

(1일) **여성도 받은 은사대로**

오랫동안 여성은 남성보다 열등한 존재로 여겨졌습니다. 그래서 여성에게는 많은 일이 금지되었고, 남성만이 그 일을 할 수 있었습니다. 대신 여성은 주로 사적 공간에 머무르며 가족이나 공동체의 물리적 필요를 채워 주는 일을 맡았습니다. 교회도 마찬가지였습니다. 여성들이 교회를 세우는 사역자나 리더로서 더 많은 역할을 할 수 있었음에도 그런 일들은 허락되지 않았습니다. 여성은 단지 남성을 보조하는 역할만 맡았습니다. 상황이 많이 바뀌고는 있으나 여전히 여성들은 자신이 잘할 수 있는 일을 맡기보다는 고정된 성 역할에 맞춰서 배정되는 경향이 있습니다. 여성에게 적절하다고 여겨지는 일, 남성보다 여성이 더 잘한다는 편견이 아직도 강한 일, 지금까지 여성이 주로 해 왔던 일, 그런 일을 하게 됩니다. 심지어 남성의 일과 여성의 일을 구분하는 편견은 여성들 속에도 내재되어 있습니다.

그러므로 남성도 그렇지만, 특히 여성들은 자기 일을 찾을 때 혹시 고정된 성 역할을 따르고 있지 않은지 생각해 보아야 합니다. 만약 자신이 할 수 있는 일이 여성들이 주로 하지 않는 일이라면, 또는 여성들에게 기회가 주어지지 않았던 일이라면, 더더욱 그런 일을 해 보는 모험을 하면 좋겠습니다. 하나님은 우리가 남자와 여자라는 구분보다는 자신이 받은 주신 은사와 재능을 따라 사는 것을 기뻐하십니다.

베드로전서 4장 10절

각 사람은 _____ 하나님의 여러 가지 은혜를 맡은 선한 관리인으로 _____ .

하나님께서는 각 사람의 능력에 따라 달란트를 맡기셨습니다. 한 사람에게는 다섯 달란트를, 또 한 사람에게는 두 달란트를, 또 다른 사람에게는 한 달란트를 주셨습니다. 그리고 돌아오셔서 각자 받은 달란트로 얼마를 남겼는지 셈을 하셨습니다. 이전 세대까지 많은 여성이 마치 한 달란트 받은 종처럼 하나님께서 주신 것을 땅에 숨겨 두고 살았습니다. 하나님께서 주신 것으로 더 벌 수 있었는데 여성의 달란트는 땅에 묻힌 채 버려졌습니다. 물론 여성들의 자발적 선택은 아니었습니다. 이제는 여성들도 하나님께서 만드시고 부르신 대로 살아내면서 하나님의 기쁨에 참여할 수 있습니다. 하나님께서는 우리가 더 많이 벌어 오는 것도 기뻐하시지만, 우리가 각자 받은 것으로 착하고 신실하게 살아내는 모습을 더 기뻐하실 것입니다. 모든 여성이 주님이 보시기에 기뻐하실 만한 삶을 살아내면 좋겠습니다.

마태복음 25장 23절

그의 주인이 그에게 말하였다. '_____, 착하고 신실한 종아! _____, 이제 내가 많은 일을 네게 맡기겠다. 와서, _____.'

일을 통해 본이 되는 엄마

엄마가 부르심을 따라 살아갈 때, 자녀는 엄마의 모습을 보면서 어떻게 살아야 하는지를 배웁니다. 학교의 진로 적성 검사나 상담을 통해서는 배울 수 없는 삶의 진짜 원리를 엄마를 보면서 알게 됩니다. '일하는 것은 즐거운 것이구나', '노동에는 이런 의미가 숨겨져 있구나', '어떤 일이든 성실하게 기쁨으로 하는 것이구나'라는 노동의 철학이 아이에게 형성됩니다. 엄마가 그런 마음으로 살아간다면 말과 행동을 통해 그 마음이 드러날 것이며, 학교에서 받을 수 없는 최고의 교육이 될 것입니다.

오늘의 과제

1. 하나님께서는 지금도 일꾼을 부르시는데, 특히 여성 일꾼을 부르신다는 사실에 대해 어떻게 생각합니까?

2. 하나님께서 당신에게 주신 은사와 재능이 무엇인지 생각해 보고, 혹시 사람들이 그것을 남성적이라고 여기기 때문에 사용하지 않았던 것은 아닌지 생각해 보세요.

3. 바울 사도가 말했듯이 "나를 본받으라"라고 자녀에게 말할 수 있으려면, 부르심을 따라 사는 엄마의 모습이 구체적으로 어때야 하는지 생각해 보세요.

| 10주. | 그리스도와 함께하는 세상 경영 |

| 1일. | 부르심을 따라 사는 엄마 |

| 2일. | 세상 속에서 부르심 찾기 1 |

| 3일. | 세상 속에서 부르심 찾기 2 |

| 4일. | 부르심을 찾아가는 엄마 |

날짜

5부 **잠시 생각해 보기**
10주
2일 자신이 하는 일을 하나님의 부르심이라고 생각해 본 적 있나요?

그리스도인의 일터는 대부분 세상 안에 있습니다. 하나님은 교회 안에만 계시지 않고, 온 세상을 다스리시며 새롭게 회복하고 계십니다. 하나님께서 우리를 세상으로 부르시고, 세상 경영에 참여하도록 하십니다. 칼뱅은 이렇게 말했습니다. "주님은 모든 사람에게 살면서 하는 모든 활동에서 소명을 생각해 보라고 하신다." 하나님께서 우리를 부르셔서 일하라고 하시는 곳은 정치, 경제, 사회, 문화, 생태 등 인간의 삶에 영향을 미치는 모든 곳입니다. 하나님께서 당신을 부르신 곳이 어디인지 다음의 다양한 영역에서 찾아보세요.

생존을 위해 꼭 필요한 일

대다수 사람이 생계를 위해 일하고, 생존에 필요한 일을 합니다. 먹고 살기 위해 마지못해 일한다는 사람도 있지만, 노동은 그 자체로 거룩합니다. 죄의 결과로 노동이 더 힘들어졌지만, 죄를 짓기 전에도 아담은 모든 생물을 돌보며 농사를 짓는 노동자였습니다. 아담처럼 많은 사람이 먹거리를 만들고, 판매하고, 배달하고, 요리하는 일을 합니다. 또한 사람들이 편리하게 이동하도록 교통수단을 움직이고, 집을 짓고, 옷을 만들어 판매합니다. 이런 일을 하는 사람들이 없다면 세상은 돌아가지 않습니다. 하나님은 사람들과 함께 세상을 움직이시며, 세상을 돌보고 계십니다. 그러므로 요리사든, 농부든, 슈퍼마켓 계산원이든, 건설 노동자든, 자기 일을 통해 하나님의 부르심을 따르며 살고 있고, 다른 사람들을 유익하게 해 주고 있다고 자부할 수 있으며, 그럴 때 매일 아침 일터로 가는 길은 즐겁고 의미 있을 것입니다. 생계를 위해 열심히 일해야 한다고 가르친 바울 사도의 글을 읽어 보세요.

데살로니가전서 4장 11-12절

그리고 우리가 여러분에게 명령한 대로, 조용하게 살기를 힘쓰고, _____, 자기 손으로 일을 하십시오. 그리하여 여러분은 바깥 사람을 대하여 품위 있게 살아가야 하고, 또 _____ _____ 해야 할 것입니다.

데살로니가후서 3장 8-10절

우리는 아무에게서도 양식을 거저 얻어 먹은 일이 없고, 도리어 여러분 가운데서 어느 누구에게도 짐이 되지 않으려고, _____ _____ 밤낮으로 _____. 그것은, 우리에게 권리가 없어서가 아니라, 우리가 여러분에게 본을 보여서, 여러분으로 하여금 우리를 본받게 하려는 것입니다. 우리가 여러분과 함께 있을 때에 '일하기를 싫어하는 사람은 _____' 하고 거듭 명하였습니다.

사무직

하나님께서 주신 성품과 은사에 따라 어떤 사람은 몸을 쓰는 일보다 책상에 앉아서 하는 일을 더 능숙하게 해냅니다. 몸을 움직이기보다 머리를 쓰는

(5부) (10주) (2일)

일이 더 편하거나, 많은 사람을 만나는 것보다 컴퓨터 앞에 앉아서 일하는 것이 더 익숙하다면, 그런 일을 하면서 하나님의 부르심을 찾을 수 있습니다.

전문직

전문직이란, 의사, 법조인, 교사, 연구원 등 전문 자격증이 필요한 일입니다. 이런 일을 하는 사람은 주로 높은 보수와 사회적 존경을 받습니다. 그래서 사람들은 할 수만 있다면 이런 일을 하고 싶어 합니다. 하지만 이런 전문직은 일의 한계가 없을 때가 많아서, 지나친 성취 욕구나 소속 집단의 과도한 요구 등으로 업무 시간이 길어지기가 쉽습니다. 그래서 전문직 종사자는 다른 직종에 있는 사람보다 삶의 균형을 지키기 위해 더 애써야 합니다. 전문직에서 일하는 사람이 부와 존경을 얻기 위해서가 아니라, 부르심 의식에 기초해 일하면 엄청난 유익을 끼칠 수 있습니다. 하나님께서는 능력이 많은 사람일수록 더 큰 책임을 지기를 바라십니다.

베드로전서 4장 10절

각 사람은 은사를 받은 대로 하나님의 여러 가지 은혜를 맡은 _____.

오늘의 과제　우리는 세상에서 하나님과 동역하며 일하도록 부르심을 받았습니다. 그 일을 위해 하나님께서 당신에게 어떤 은사를 주셨는지 생각해 보세요.

| 10주. | 그리스도와 함께하는 세상 경영 |

| 1일. | 부르심을 따라 사는 엄마 |

| 2일. | 세상 속에서 부르심 찾기 1 |

| **3일.** | **세상 속에서 부르심 찾기 2** |

| 4일. | 부르심을 찾아가는 엄마 |

날짜

잠시 생각해 보기

5부
10주
3일

일에 대해 생각하면 어떤 느낌이 드나요? 열정, 기쁨, 평안, 만족, 슬픔, 긴장, 두려움, 분노, 소외감, 공허 등 당신의 느낌에 이름을 붙여 보세요.

어제에 이어서 하나님께서 나를 부르신 곳이 세상 속 어디인지 찾아봅시다.

비즈니스(자영업)

남편과 사별한 후, 커피를 파는 프랜차이즈 카페를 운영하는 자매가 있습니다. 하루에 서너 시간밖에 자지 못할 만큼 일이 많고 힘들지만, 카페에서 일하는 시간이 그렇게 행복하다고 합니다. 지역 주민들에게 모닝 아메리카노 한 잔을 건네면서 웃는 얼굴로 "오늘 하루도 잘 보내세요"라고 인사할 때, 손님들 얼굴에 잠시나마 스쳐 지나가는 미소를 보며 자신이 하는 일에 보람을 느낀다고 합니다. 옆에서 보아도 자영업은 쉽지 않아 보입니다. 일 년 내내 쉬는 날을 내기도 어렵고, 하루 매출에 따라 기분이 널뛰기도 합니다. 그런데 이런 일 또한 돈을 벌기 위해서만 하는 것은 아닙니다. 지역 주민들에게 필요한 물건을 판매하여 그들의 삶을 편리하고 윤택하게 할 수 있다면, 하나님의 세상 경영에 동참하는 것입니다.

음악, 미술, 체육 등

하나님께서 주신 재능을 계발해서 하는 모든 일은 하나님의 부르심이 될 수 있습니다. 그 일을 통해 자신도 즐거움을 누리고, 많은 사람에게도 유익을 끼칠 수 있습니다. 음악가는 노래로 지친 사람들을 위로하고, 우울증에 걸린 미술가는 작품을 통해 다른 우울증 환자들의 마음을 다독입니다. 유명한 예술가가 아니어도 하나님께서 주신 재능을 사용해 누구나 다른 사람을 도울 수 있습니다. 하나님은 개미만 만드시지 않고 베짱이도 창조하셨습니다.

<u>잠언 22장 29절</u>

_____을 네가 보았을 것이다. 그런 사람은 왕을 섬길 것이요, 대수롭지 않은 사람을 섬기지는 않을 것이다.

생태계를 돌보는 일

지금 생태계는 심각한 지경에 이르렀습니다. 지구 생존 시계가 몇 분밖에 남지 않았다는 예측도 있습니다. 인간의 탐욕이 부른 결과입니다. 다음 세대를 위해서라도 할 수 있는 일을 해야 합니다. 생태계를 돌보는 일은 불편을 감수해야 하기에 경제적 이득과는 거리가 멀 수 있습니다. 그러나 다른 어떤 일보다 의미 있고 필요한 일입니다. 스웨덴의 10대 환경운동가 그레타 툰베리는 "기후를 위한 학교 파업"을 시작했고, UN에 모인 세계 각국 정상들 앞에서 기후 변화를 막기 위해 행동하라고 과감하게 도전했습니다. 아이가 셋인 우리 공동체의 한 자매는 지구 살리기에 동참하고자 포장지 없는 제품을 팔기 시작했습니다. MZ 세대가 "제로 웨이스트"를 실천할 수 있도록 돕고 싶었다고 합니다. 생태계 회복은 우리 모두의 연대가 필요한 일이며, 이 일에 헌신한 사람들이 앞서 이끌고 갈 수 있습니다.

5부
10주
3일

지역 이웃을 섬기는 일

옆집에 누가 사는지 관심이 없고 마을 공동체 의식이 사라진 도시지만, 여기서도 함께 사는 삶을 시도할 수 있습니다. 옆집에 사는 이웃을 초대해 친교를 나누거나, 다문화 가정이나 외국에서 온 이방인을 환대하고, 한부모 가정이나 취준생같이 혼자 사는 이웃과 교제하며 그들에게 필요한 것을 건넬 수도 있습니다. 또한 그 일을 교회 공동체나 공동체의 소모임(가정교회 등)과 함께한다면, 끼리끼리 모이는 게토 같은 교회가 아니라 이웃과 함께 살아가는 빛과 소금 같은 교회가 될 수 있습니다.

가난한 이웃을 섬기는 일

하나님은 모든 사람에게 은혜와 자비를 베푸시지만, 특히 가난하고 소외된 이들을 늘 관심 있게 지켜보시며, 우리에게 그들을 돌보라고 말씀하십니다. 성경 곳곳에서 가난한 사람을 돌아보는 것이 하나님을 공경하는 것이라고 말합니다. 하나님을 예배하는 것과 가난한 이웃을 돌아보는 것이 다르지 않다고 가르칩니다.

잠언 14장 31절

가난한 사람을 억압하는 것은 그를 지으신 분을 모욕하는 것이지만, _____은 _____ _____이다.

에베소서 4장 28절

도둑질하는 사람은 다시는 도둑질하지 말고, 수고를 하여 [제] 손으로 떳떳하게 벌이를 하십시오. 그리하여 오히려 _____ _____ 하십시오.

열심히 일해서 자신과 가족만 돌보지 말고, 자선을 베풀어야 하나님께서 기뻐 하신다고 말씀하십니다. 헌금하는 것도 좋지만, 아픈 사람을 찾아가 문안하고, 음식을 전해 주고, 교정 시설에 갇힌 사람을 찾아보고, 그들의 필요를 채워 주는 일이야말로 하나님께서 세상을 돌보시는 일에 동참하는 것입니다.

세상에 공의와 평화가 흐르게 하는 일

하나님은 세상을 공평과 정의로 다스리십니다. 우리는 하나님과 함께 세상에 공의가 흐르도록 해야 합니다. 현장에서 직접 그 일을 할 수도 있고, 간접적으로 도울 수도 있습니다. 일터에서 부당한 일을 보면 맞서 싸워야 하고, 사람들을 속이거나 해롭게 하는 일은 거부해야 합니다. 공정 무역이나 사회적 기업 제품, 지역 공동체 생산품, 농민 직거래 상품, 친환경 농산물, 제로 웨이스트 제품, 사회와 직원의 유익을 우선 생각하는 기업의 제품을 구매하고 사용하는 것은 작지만 세상을 공의롭게 하는 데 개인적으로 동참하는 것입니다. 좀 더 나아가 제도적 변화를 꾀하기 위해 정치에 적극적으로 참여하거나, 비영리기관이나 단체에 가입해서 다른 사람들과 연대하거나 자원봉사도 할 수 있습니다. 잠언 8장 15-16절을 찾아보세요.

> 내 도움으로 왕들이 통치하며, 고관들도 올바른 법령을 내린다. 내 도움으로 지도자들이 _____ 다스리고, 고관들 곧 공의로 재판하는 자들도 _____ 판결을 내린다.

세상을 다스리시는 하나님의 사역에 우리는 여러 모양으로 동참할 수 있습니다. 수입이 있든 없든, 전문적이든 자원봉사든, 혼자 하든 연대해서 하든 다양한 방식으로 세상을 경영하는 일에 참여할 수 있습니다. 그 모든 일을 하나님의 부르심으로 여기고 움직인다면, 부르심을 따라 사는 것입니다.

오늘의 과제

1. 생계를 위한 일이든, 사무직이든, 전문직이든, 자원봉사든, 교회 공동체를 세우는 일이든, 세상의 공의를 찾는 일이든, 다음 세대를 돌보는 일이든, 생태계를 회복하는 일이든, 자녀 양육 외에 하나님께서 당신을 불러서 맡기신 일이 있다면, 그 일이 무엇인지 적어 보세요.

2. 그 일을 통해 유익을 얻는 이웃이 누구인지 구체적으로 적어 보세요.

10주. 그리스도와 함께하는 세상 경영

1일. 부르심을 따라 사는 엄마

2일. 세상 속에서 부르심 찾기 1

3일. 세상 속에서 부르심 찾기 2

4일. 부르심을 찾아가는 엄마

날짜

(5부) **잠시 생각해 보기**
(10주)
(4일) 열정을 느끼며 했던 일이 있었다면 적어 보고, 열정을 느꼈던 이유도 적어 보세요.

부르심을 따라 사는 삶

부르심을 따라 산다는 것은 무슨 일을 하든 부르심 의식을 가지고 하는 것입니다. "하나님께서 저를 초등학교 선생님으로 부르셨어요"라는 말은, 하나님께서 꿈에 나타나셔서 "너는 초등학교 선생님이 되어라"라고 말씀하셨다는 뜻이 아닙니다. 학교에서 아이들을 가르칠 때, '하나님께서 나를 불러서 이 일을 맡기셨구나'라고 생각하며 아이들 앞에 서는 것입니다.

무슨 일을 하든 부르심 의식을 갖고 하고, 또 그 일로 이웃을 섬긴다고 생각하면, 일을 대하는 자세는 달라지기 마련입니다. 일하러 가는 발걸음은 가벼워지고, 자녀 양육과 병행하는 일이 힘들고 어려울 때도 일을 쉽게 포기하지 않을 수 있습니다.

소명 의식으로 일하는 직장인은 자신이 하는 일로 세상에 기여한다고 믿기 때문에 삶의 만족도가 높고, 스트레스가 낮으며, 직무 수행 평가가 좋다고 합니다. 지금 하고 있는 일이 있다면, 어떻게 해야 그 일을 하나님의 부르심으로 여길 수 있을지를 생각해 보세요. 그리고 그 일을 하나님과 함께 세상을 경영하고 이웃을 섬기는 기회로 삼으세요.

고린도전서 7장 20-21, 24절

각 사람은 _____ 머물러 있으십시오. 노예일 때에 부르심을 받았습니까? 그런 것에 마음 쓰지 마십시오.…형제자매 여러분, 각각 _____ _____.

지금 하고 있는 일에서 부르심 의식을 확인하고 싶거나 새롭게 해야 할 일을 찾고 있다면 다음 세 가지 길을 통해 하나님께서 나를 불러서 맡기신 일이 무엇인지를 알아볼 수 있습니다. 하나님, 자신, 세상, 세 개의 길이 만나는 곳에서 자신의 부르심을 확인해 보세요.

첫 번째 길, 하나님

부르심이란 말에는 부르신 분이 있다는 뜻이 내포되어 있습니다. 자신의 부르심이 무엇인지는 부르신 분에게 나아가서 여쭤 보고 찾을 수 있습니다. 하나님께서 지금 가정에서, 교회에서, 세상에서 어떤 일을 하고 계시는지 자세히 살펴보세요. 하나님의 부르심은 하나님께서 지금 무슨 일을 하고 계시는지를 알 때 잘 찾아 갈 수 있습니다. 그렇게 하나님을 알아 가면서 하나님께 이렇게 기도를 드리고 그분 음성을 기다려 보세요. "하나님, 하나님께서 세상을 회복하고 경영하시는 일에 제가 무슨 일을 통해 참여할 수 있을까요? 하나님께서 원하시는 삶을 살기 원하는 마음을 제게 주세요."

두 번째 길, 자기 자신

하나님께서 우리를 창조하실 때 무슨 일을 하면서 살아가면 좋을지에 대한 정보를 많이 심어 주셨습니다. 그러므로 자기 자신에게 '하고 싶은 일, 잘할 수 있는 일, 해야 하는 일'이 무엇인지 물어보세요. 몇 가지 답이 나오면, 그

5부
10주
4일

일들에 대한 정보를 최대한 모으는 것도 중요하고, 그 일들에 대해 어떤 생각과 감정이 드는지 자기 내면을 성찰하는 일도 꼭 필요합니다. 특히 다음 세 가지, 은사, 실패와 상처, 열정과 관련해서 자기 자신을 면밀하게 검토하세요.

① 은사

재능이란 하나님께서 우리 각자에게 주신 고유한 능력이며, 성장하면서 점점 계발되고 발전합니다. 사람은 하나님께서 주신 능력을 최대한 발휘하며 살 때 가장 큰 만족감을 느낍니다. 오스 기니스는 이렇게 말합니다. "소명을 발견하는 주된 방법은 각자 자신이 어떤 존재가 되도록 창조되었고, 어떤 재능을 받았는지를 생각하는 것이다. 세상은 '네가 하는 일이 곧 너'라고 말하지만, 소명은 '네가 누구인지 알아서 그 일을 하라'고 말한다." 자신에게 다음 질문을 해 보세요.

- 나는 무엇을 잘하는가?
- 나의 특별한 재능은 무엇인가?
- 나는 무엇을 할 때 나 자신이 되었다고 느끼는가?
- 나는 어떤 일을 할 때 즐거운가?
- 나는 어떤 일을 할 때 그 일에 쉽게 몰입하는가?

시간을 충분히 들여서 이 질문의 답을 찾아보세요. 신체적 감각, 생각, 감정, 직관 등 모든 기능을 동원해서 답해 보세요. 지나온 시간을 돌아보거나, 상상력을 사용해서 어떤 일을 하고 있는 자신을 그려 보면서 질문해 보세요. 그렇게 하나님께서 주신 독특한 은사와 재능을 면밀하게 찾아보세요. 가까운 가족이나 친구에게 같은 질문을 해서 답을 들어 보는 것도 도움이 됩니다.

② 실패와 상처와 결핍

태어날 때부터 안고 살아온 부족함이나 살아오면서 겪은 부정적 경험도 부르심에 사용됩니다. 로마서 8장 28절을 찾아보세요.

> 하나님을 사랑하는 사람들, 곧 하나님의 뜻대로 부르심을 받은 사람들에게는, _____을 우리는 압니다.

하나님은 우리의 한계와 장애와 실패와 상처까지도 모두 아울러서 아름다운 작품으로 바꿔 주십니다. 때로는 실패와 부족함으로 인해 하나님의 부르심을 더 잘 수행하기도 합니다. 부족하고 부끄러워서 하나님을 더 의지하며 그 일을 해내게 됩니다. 또한 숨기고 싶고 부정하고 싶은 고통스러운 과거를 바탕으로 다른 사람들을 더 유익하게 섬길 수 있습니다. 요한복음 4장 28-29절을 찾아서 사마리아 여인의 이야기를 읽어 보세요.

> 그 여자는 물동이를 버려두고 동네로 들어가서, 사람들에게 말하였다. "_____. 와서 보십시오. 그분이 그리스도가 아닐까요?"

③ 열정

소명을 발견하는 가장 간단하면서도 기본적인 방법은 자신이 어떤 일에 열정을 느끼는지, 그 마음의 움직임을 살피는 것입니다. 프레드릭 비크너는 이렇게 말합니다. "하나님께서 우리를 부르시는 곳은 우리 자신의 열정이 세상의 필요와 만나는 곳이다." 어떤 일에 열정이 없다고 해서 그 일에 부르심이 없다고 단정할 수는 없습니다. 그러나 어떤 일을 할 때 만족과

5부
10주
4일

기쁨을 느낀다면, 하나님께서 그 일을 맡기려고 당신을 부르셨다고 할 수 있습니다. 다음 질문을 해 보고, 마음속을 찬찬히 들여다보며 답해 보세요.

- 어떤 일을 할 때 행복하고 즐거운가?
- 그 일을 하기 위해 함께해야 하는 온갖 궂은일까지 사랑하는가?
- 어려움이 있어도 그 일을 계속하고 싶은가?
- 그 일을 생각하면 기분이 좋아지는가?

세 번째 길, 세상과 공동체

부르심을 확인하는 마지막 길은 '누구를 위해 일할 것인가?'에 대한 답을 찾는 것입니다. 그리스도인이 일하는 궁극적 목적은 이웃을 섬기고 세상을 돌보기 위해서입니다. 예수님께서 마태복음 9장 35-36절에서 하신 말씀을 찾아보세요.

> 예수께서는 모든 도시와 마을을 두루 다니시면서, 유대 사람의 여러 회당에서 가르치며, 하늘 나라의 복음을 선포하며, _____ 을 고쳐 주셨다. 예수께서 무리를 보시고, 그들을 _____. 그들은 마치 목자 없는 양과 같이, _____ _____.

예수님의 마음으로 살피면 사람들의 필요가 보이고, 어디에서 누구를 섬겨야 할지를 알아볼 수 있을 것입니다. 세상이나 공동체 안에 있는 어떤 사람들이 자꾸 눈에 띄나요? 특정한 필요와 어려움을 보면 마음이 쓰이고 손이 움직이나요? 다음 질문을 해 보세요.

- 하나님께서는 누구를 돌보기 위해 나를 부르시는가?
- 내가 하는 일을 통해 누구를 섬기고 싶은가?
- 어떤 사람을 생각할 때 눈물이 흐르며 기도를 하게 되는가?
- 누구를 섬길 때 가장 일을 잘하고, 가장 열정적인가?
- 교회 공동체나 세상의 어떤 문제에 마음이 움직이는가?

하나님, 자기 자신, 세상과 공동체라는 세 길 위에서 질문을 던지며 답을 생각해 보세요. 그리고 세 길이 만나는 곳에 어떤 답이 있는지 찾아보세요. 이 과정은 공동체와 함께할 것을 강력히 추천합니다. 혼자 질문할 때는 보이지 않던 것이 당신을 잘 알고 사랑하는 사람들과 함께할 때는 보일 것입니다. 그리고 다시 하나님께 기도드리면서 하나님 앞에서 그 답을 확인해 보세요.

그다음 할 일은 발을 내딛는 것입니다. 확실하고 분명하게 답을 찾았다는 확신이 들지 않아도 깨달은 대로 행동하세요. 부르심은 깨닫기 위한 것이 아니라 행동하기 위한 것입니다. 소명은 움직이지 않는 채로는 찾을 수 없고, 행동하고 섬기면서 더 분명하게 알 수 있습니다.

하나님과 함께하는 세상 경영

하나님은 예수 그리스도의 구원 사역을 통해 세상을 회복하기 시작하셨고, 지금도 그 일을 하고 계십니다. 그리고 그 일에 동참하라고 우리를 부르고 계십니다. 남자든 여자든, 싱글이든 기혼자든, 아이를 낳았든 낳지 않았든 차별하지 않습니다. 하나님께서는 엄마들도 똑같이 초대하시며, 은사대로 세상과 공동체의 필요를 채우며 세상을 경영하는 일을 함께하자고 손을 내미십니다.

영유아를 돌보는 엄마의 삶이 여성의 삶 전부는 아닙니다. 아이의 발달 단계나 가족 상황에 따라 온전히 양육에만 매달려야 할 때도 있습니다. 그런

(5부) (10주) (4일) 시기에는 육아에 전력을 다하더라도 그 후의 삶 또한 준비하며 성장하고 기도하는 여성이 되어야 합니다. 한 생명을 낳아 키워 본 엄마들을 통해 하나님께서 세상에서 하실 일은 무궁무진합니다. 바울이 2천 년 전에 전한 놀라운 말씀을 읽어 봅시다.

갈라디아서 3장 26-28절

너희가 다 믿음으로 말미암아 _____ _____ 되었으니 _____ 그리스도와 합하기 위하여 세례를 받은 자는 그리스도로 옷 입었느니라. 너희는 유대인이나 헬라인이나 종이나 자유인이나 _____ 이니라.(성경전서 개역개정판)

하나님의 자녀가 된 우리는 그리스도 예수 안에서 어떤 차별도 없이, 그러나 각자가 지닌 특별함과 독특성을 발휘해 가며, 하나님과 함께 세상을 회복하고 경영하는 일에 참여할 수 있습니다.

오늘의 과제

부르심 찾기

1. 부르심에 관해 하나님께 드리는 기도문을 적고 잠시 침묵해 보세요.

2. 세 영역에서 했던 질문 중에 한 가지씩을 골라서 적고 답을 찾아 보세요.

(1) 은사

(2) 실패와 상처와 결핍

(3) 열정

3. 세상과 공동체에서 '나는 누구를 섬길 것인가?'에 대해 답해 보세요.

닫는 글

저는 대학교에서 물리학을 전공했습니다. 그리고 신학을 공부하려고 신학대학원(Trinity Evangelical Divinity School)을 갔으나, 상담심리학으로 전공을 바꿔서 대학원을 졸업했습니다. 대학원 첫 학기 때 인문학 서적을 읽고 논문을 쓰는 일이 너무 어려워 머리에서 김이 날 때면 공식으로 가득 찬 양자물리학 교과서를 읽으면서 머리를 식히곤 했습니다. 타고난 문과생인 남편은 그 모습이 이해되지 않는다면서 신기해했습니다. 저는 그렇게 이과 성향을 타고난 사람이었습니다. 그랬던 제가 육아에 좌절하고 힘들어하는 후배 엄마들에게 조금이나마 도움이 될까 하는 마음만으로 책을 쓰겠다고 나섰으니….

책의 시작은 말 그대로 위에서 주신 느낌(feel)으로 순조로웠으나, 마무리하는 과정은 쉽지 않았습니다. 해마다 《엄마 먼저》의 모태가 된 "엄마를 위한 풍성한 삶의 기초"를 개정하면서 힘들다는 말을 정말 많이 했습니다. 하나님께서 이 책을 통해 성장 사각지대에서 힘겨운 시기를 보내고 있는 엄마들을 도우실 것이라는 믿음으로 끝까지 올 수 있었습니다. 남편인 김형국 목사는 계속해서 이 책이 그런 역할을 할 것이라며 격려해 주었습니다. 몇 마디 말로는 다 표현하기 어려운 감사와 사랑을 이 자리를 빌려 전하고 싶습니다.

앞서 말한 대로 숫자와 공식이 더 편하고, 책을 써 본 적 없는 저자가 쓴 책이라서 부족한 부분이 많으리라 생각합니다. 그러나 행간에 담긴 마음은 이 시대 엄마들을 향한 하나님의 마음이라고 믿습니다. 참으로 좋으신 우리 아버지 되시는 하나님께 마지막 기도를 올려 드리며 《엄마 먼저》를 닫습니다.

"하나님, 《엄마 먼저》를 함께 읽는 모든 엄마들이 예수 그리스도 안에서 하나님의 지극한 사랑을 알게 해 주시고, 그 사랑으로 아이들을 기르게 해 주세요. 아멘."

엄마 먼저
엄마의 삶을 더 풍성하게

글
신소영

편집
박동욱

디자인
아소도

제작
공간

ⓒ신소영, 2022

* 이 책 내용의 전부 또는 일부를 사용하려면 반드시 저작권자와 이미아직의 서면 동의를 받아야 합니다.
* 책값은 뒤표지에 있습니다. 잘못된 책은 구입하신 곳에서 바꾸어 드립니다.

펴낸이 ── 김형국

펴낸곳 ── 이미아직

주소 ── 서울특별시 중구 명동11길 20 서울YWCA회관 602호 (우편번호 04538)

출판등록 ── 제2022-000007호(2022년 1월 24일)

전화 ── 02-924-0240   팩스 ── 02-924-0243

웹사이트 ── www.imiajik.co.kr   인스타그램 ── @imi_ajik

전자우편 ── imiajik@gmail.com

도서주문 ── 02-338-2282(전화) | 080-915-1515(팩스)

1판 1쇄 펴냄 2022년 9월 5일
1판 3쇄 펴냄 2025년 7월 21일
ISBN ── 979-11-978361-1-4